「テロ等準備罪」にだまされるな！

「計画罪」は「共謀罪」そのものだ

足立昌勝

三一書房

だまされてはならない！——前書きにかえて——

二月二八日、法務省は、自民・公明両党に「実行準備行為を伴う組織的犯罪集団による重大犯罪遂行計画」罪を示し、両党の合意を得たうえで、法案の閣議決定への道を歩み始めた。

その条文は、次のとおりである。

第六条の二　次の各号に掲げる罪に当たる行為で、組織的犯罪集団（団体のうち、その結合関係の基礎としての共同の目的が別表第三に掲げる罪を実行することにあるものをいう。次項において同じ。）の団体の活動として、当該行為を実行するための組織により行われるものの遂行を二人以上で計画した者は、その計画をした者のいずれかによりその計画に基づき資金又は物品の手配、関係場所の下見その他の計画をした犯罪を実行するための準備行為が行われたときは、当該各号に定める刑に処する。ただし、実行に着手する前に自首した者は、その刑を減軽し、又は免除する。

この条文には、安倍首相や金田法務大臣が立法理由として主張してきた「テロ対策」はどこにも見られない。その言葉は、その直前の二月二三日に一部報道機関に配布され、翌日公明党への説明に使われた「検討中の『テロ等準備罪』の骨格（案）」（資料15参照、170頁）でも使用されていたにもかかわらずである。

そもそも、立法理由としての跨国組織犯罪条約の批准とテロ対策を同時に満たすことはできない。本文でも述べるように、テロ対策としてはすでに一三本の国連条約が締結され、批准されているのである。また、跨国組織犯罪条約は、テロ対策として立案されたものでもない。

ここで、法案の概要を述べ、その批判を展開したいと思う。

一　83頁以下にある二〇一六年八月の政府案（未定稿）と二〇〇六年六月の最終修正案を比較した表と比べてみよう。それぞれの最初の傍線の部分と太字で書かれた部分を比較してもらいたい。組織的犯罪集団の定義については、実行すべき犯罪を別とすれば、全く同じものであることがわかる。また、太字の部分についても、共謀から計画に修正されただけで、政府案（未定稿）と同じ文章であることは明らかである。

法務省は、現在進めている自民・公明の両党に対する説明の中で、風聞するところによれば、二枚のペーパー（以下、説明資料という。）を用意しているとのことである。その一枚目は「『組織的な犯罪の共謀罪』と『テロ等準備罪』の異同」であり、そこには、両者の相違として、組織的犯罪集団の定義は、従来の法案にはなく、初めて入れたものだという。

この主張が間違っていることは明らかである。資料4にある「与党再々修正案」で、「団体のうち、その結合関係の基礎としての共同の目的が……罪を実行することにある団体という。」と規定していたことを忘れていたのであろうか。

このように、法案の基本的構造は、全く変わっていないことがわかるであろう。
二　次に、二つ目の傍線部分である。そこには、「……二人以上で計画した者は、………準備行為が行われたときは、当該各号に定める刑に処する」と書かれている。すなわち「準備行為が行われたとき」と書かれているのである。この場合、犯罪は、「計画」したときに成立し、その時点ですべての捜査、すなわち任意捜査に限らず、強制捜査についても可能となる。
その「準備行為」は、客観的処罰条件にすぎない。これは、犯罪の成立には無関係な、処罰するために必要なもので、客観的処罰条件と言われているものである。その例としては、刑法一九七条二項の事前収賄罪の規定がある。そこでの「公務員になった場合において」がそれにあたる。

衆議院予算委員会における金田法務大臣の「逮捕できないというのが統一見解」との答

弁は、この客観的処罰条件を無視したものであり、さも、犯罪の成否に関係する犯罪構成要件の一部であるとの誤解を生じさせる恐れのものである。それを追認した林真琴刑事局長とともに、参議院予算委員会や衆・参法務委員会で厳しい質問を受けること間違いなしである。

このことについて、説明資料では、わざわざ「実行準備行為の法的性質」との項目を設け、「実行準備行為は、『計画』とともに、テロ等準備罪の構成要件の一つである。」と説明している。

この主張は「ためにする説明」であり、法文の書きぶりから「……二人以上で計画した」ことが構成要件であることは明白である。それにもかかわらず、何の説明もつけずに、「構成要件である」との主張は、全く理解不能な暴論である。

その暴論は、「任意捜査」の説明でも続いている。そこには、「個別具体的な事実関係の下で、犯罪を検挙するため必要性が認められる場合には、手段の相当性が認められる範囲において、任意捜査が許容されうる。」と書かれ、「犯罪の発生前から任意捜査を行うことが許容されている。」と主張している。その根拠とした刑事訴訟法一九七条一項の規定は、犯罪がある場合の規定であり、まだ犯罪が発生していない段階に適用されるものではない。

したがって、もし準備行為が構成要件の一部だとしたら、準備行為が存在しない限り、すべての捜査ができないことになる。

三　法務省は、組織的犯罪集団に明確な定義を置いたので、きわめて厳格なものにしたという。すでにみたように、組織的犯罪集団の定義は、二〇〇六年以降変わっていない。

さらに、国会答弁では、組織が一変した場合には、「犯罪集団」に該当することが認められた。このことは、従前の共謀罪法案についても言われていたことである（詳細については、44頁以下を参照されたい）。

一般企業にたとえた場合、昨年の燃費資料を改ざんしたフォルクス・ワーゲン社や粉飾決算が明らかになった東芝などは、それらの行為を行おうとした段階以降は、組織的犯罪集団にあたることになる。

安倍首相は、国会答弁で、オウム真理教を例として挙げた。しかし、これは、例として不適格である。すべての事情が明らかになってからでは、計画罪の取締りはできないからである。このような一変する事例は、計画段階では判定できないのが通例であろう。それを、あえてこの組織犯罪集団に当てはめようとすれば、それは、取締機関の恣意的運用によってのみ可能となるのである。

四　犯罪の処罰対象である行為にあたる部分は、「計画」である。この「計画」についても、詳細については後述する（86頁）が、ここでは、計画が処罰に値するものかどうかを検討しよう。

まず一人の場合についてである。犯罪を行おうとする者は、もやもやした感情から出発し、決意となり、その決意に基づいた計画を立て、その後実行することになるであろう。では二人以上の場合はどうであろうか。最初は、ある犯罪を行うことの合意から始まる。その合意が、具体的な計画へと進み、それが確定した段階で、確固とした同意となる。「計画」には、始まりがあり、終了がある。この幅がある計画の、どの段階で既遂となるのであろうか。通常の刑法理論で考えた場合、実行行為の幅と同等に考えることができる。実行行為の途中であり、その完了以前であれば、いつでも任意でその実行行為をやめることができる。それと同じで、計画においても、それが完了するまでは、いつの時点でも、その計画を中止することができる。また、その計画から離脱することもできる。「計画した」といえるためには、計画が終了しなければならないであろう。つまり、その時点が計画の既遂である。したがって、計画罪が成立するのは、計画が終了した時点である。

このような判断は、すべて取締機関である警察が行うことになる。その判断は、非常に恣意的なものになる危険性が高い。

また、計画は一人でもできる。必ずしも、二人以上必要なものではない。したがって、まず一人の者が行った計画にさらに数人が加わることも可能になる。すなわち、計画への参加は、順次的なもので足りることになる。ましてや、メールでの参加も認められるであろう。その意味で、計画への関与は非常に広がるであろう。「共謀」よりも、その範囲は広い。

このように、計画段階での処罰は、その範囲が非常に広くなる性質のものであり、その判断を警察が行うことにより、さらなる拡大が図られることになる。

五　共謀罪には、処罰根拠が説明できないという根本的欠陥がある。それは、計画と変えても同じである。

今回の法案は、二七七の罪を対象としたという（資料16参照、174頁）。

これらの犯罪を調べてみると、当然のように二七七の犯罪で既遂が処罰される。そのうち、一四三の犯罪では未遂が処罰され、一二の犯罪では予備も処罰されているが、このうち、刑法犯と特別刑法犯は五つであるが、行政刑法違反が七つである。その傾向は、未遂処罰にも当てはまり、刑法と特別刑法違反が四七であるのに対し、その他の法律違反が九六である。

これは、行政刑法の法定刑がいかに重いかを示している。これは、今後、刑法体系の見直しの中で、行政法全体を見直す必要があるだろう。

これらの犯罪のうち、既遂犯しか処罰できない一三四の罪で未遂や予備が処罰されないのに、なぜ計画段階で処罰されるのか。その根拠はどこにあるのか。

未遂段階まで処罰される一四三の罪のうち、一二の罪のみが予備で処罰されている。それでは、残りの一三二の罪について、その処罰根拠はどこにあるのか。

それらの両者ともに、処罰できない空間領域が存在している。筆者は、それを処罰の中抜け現象と名付けているが、その処罰根拠は、いまだに誰も説明していない。唯一の答えは、組織犯罪対策として必要だということだけである。

政策を優先し、処罰根拠なきものを処罰できるのか。それは、ほかの方法で考えられるべきものであり、処罰という最高の制裁を用いてはならない。

先に述べた「組織的犯罪集団」があのような定義のもので足りるとするならば、条約批准にぜひ必要だ、絶対にしなければならないというのであれば、参加罪も一つの選択肢として考えるべきであろう。

かつて、治安維持法の時代に、結社罪があり、そのためにする行為の処罰すなわち目的遂行罪があり、自由な結社が禁じられたのである。我々は、その暗い時代を経て、今に生きている。

現代にあった結社の在り方を追求してみる必要があるのかもしれない。

この法案は、条約批准が第一の課題であるので、それを満たせば足りることであり、勝手に政府がテロ対策を加え、衆議院の本会議や予算委員会で答弁してきたものである。

このような法案が出てくることがわかっていながら、市民をだまし、法案通過を確実なものとするため、あえて市民をだましてきたのであろう。

すでに安倍内閣の本質は、この問題だけではなく、森友学園問題でも暴露されている。市民は騙されない。この法案の本質がテロ対策としては無効であり、共謀罪の導入であることは、明らかだ！

目次

資料編

「共謀罪」をめぐって国会・委員会に提出された組織的犯罪処罰法の改正法案

第一部

「共謀罪」から「計画罪」・「準備罪」へ

1 「計画罪」・「準備罪」の登場

（1）国会での答弁

二〇一六年九月二六日に召集された第一九二回臨時国会において、安倍晋三首相は、山口那津男公明党代表の「国際組織犯罪条約の批准が必要ではないのか」との質問に対し、「締結するための法整備について国民の理解を得る努力を行いながら取り組む」と述べ、テロを未然に防止するための対策を推進する姿勢を強調した。

さらに、今年の一月に召集された第一九三回通常国会の代表質問に答え、安倍首相は、「三年後に差し迫った東京オリンピック・パラリンピックを開催するためには、テロを含む組織犯罪を未然に防止し、これと闘うための国際協力を可能にするこの条約を締結することは必要不可欠」であり、「本条約を締結することができなければ、東京オリンピック・パラリンピックを開けないと言っても過言ではありません」といい、予算委員会では、金田勝年法務大臣も「三年後に迫った東京オリンピック・パラリンピックの開催に向け、テロを含む組織犯罪対策について万全の体制を整える必要がある。既に百八十七の国・地域が締結をしている本条約を締結し、国際社会と協調してテロを含む組織犯罪と闘うということは重要な課題である」と述べた。

跨国《ここく》組織犯罪防止条約（38頁）の締結を名目としたテロ対策の必要性を強調した首相発言は、初めてのものではないだろうか。そこで考えられているものは、未定稿ながらすでに昨年八月に流布されている「テロ等組織犯罪準備罪」（資料9参照、150頁）そのものであろう。

私たちは、首相の口からこのような発言が飛び出したことを重く見なければならない。このような首相発言は、「国民の理解」が得られないことをはっきりとさせる必要がある。

（2）唐突的な新聞記事

朝日新聞は、二〇一六年八月二六日、朝刊で「共謀罪　要件を変え新設案」と題する記事を配信した。「今回は、四年後に東京五輪・パラリンピックを控える中、世界で相次ぐテロ対策の一環として位置づけた。参院選で自民党が大勝した政治状況も踏まえ、提出を検討する。」とし、「組織的犯罪集団に係る実行準備行為を伴う犯罪遂行の計画罪（テロ等組織犯罪準備罪）を新設する」という。

その解説では、「適用を『組織的犯罪集団』に」「要件に『準備行為』を追加」を取り上げている。前者では、「適用範囲が限定されることを嫌い、条文には『テロ』という言葉は使わないが、通称名の冒頭に付けてアピールする方針だ。」適用対象を従来の「団体」から「四年以上の懲役・禁固の罪を実行すること」を目的とした「組織的犯罪集団」としたという。さらに後者では、「犯罪として成立する構成要件についても、今回の政府案は、犯罪を実行する『準備行為』が行われていることを付け加えた。今回の案では、（従来からの）批判をかわすため、『犯罪の実行のための資金又は物品の取得』という代表的な事例を条文に盛り込み、『準備行為』が行われていることを構成要件に加えた」と述べている。この解説がいかに政府の説明を代弁し、誤った条文解釈を行い、市民を欺くものであるかについては、後述する。

また、日本経済新聞は、同年八月二七日の解説記事で、「国際テロ対策に新法案」「東京五輪見据え『共謀罪』再検討」と題して、「各国とテロや犯罪に関する詳しい情報をやり取りするには、共謀罪を創設し、同（パレルモ）条約を締結する必要がある。二〇二〇年東京五輪を控え、抜本的なテロ対策の強化を狙い、法整備に踏み切ることにした」と述べ、テロ対策の一環を強調している。

二〇二〇年の東京オリンピック・パラリンピックの安全な開催を口実とした世論誘導はその後も続いた。

一二月三〇日、ＮＨＫは、「法務省はテロなどの謀議に加わった場合に処罰の対象となる『共謀罪』について、『テロ対策に不可欠だ』として構成要件を厳しくし罪名も変更して新設したい考えで、こうした内容の組織犯罪処罰法の改正案を来年の通常国会に提出する方向で調整」していると報道し、その内容については、適用範囲を重大な犯罪の実行を目的として設立された「組織的犯罪集団」に限定し、一般の会社や労働組合などは含まないことを明確にするほか、構成要件に資金の確保などの具体的な「準備行為」を加える方針だという。

年が明け、一月になると、新聞各社もその内容を伝えた。そこには、政府・法務省の世論対策を垣間見ることができる。資料８にある「国会提出予定の政府案」は、昨年一二月に作成されたものであるが、それは、すでに報道各社に配布されており、それに基づき「『共謀罪』法案提出へ」との記事が配信されたのである。その内容については、後述する。

（3）パリ連続爆破事件を受けた新聞の反応

二〇一五年一一月一三日に発生したパリ連続爆破事件にいち早く反応したのは、産経新聞であった。産経新聞は、同月一五日朝刊の「産経抄」で「サンデーモーニングに見る相も変わらぬ一国平和主義」と題して、次のように述べた。

「テロを未然に防ぐのは難しい。とはいえ成功例はある。その一つが、二〇〇六年八月に英国で発覚した航空機爆破テロ未遂事件だった。英国各地に向かう複数の旅客機を空中爆破する。この計画を事前につかんだロンドン警視庁はイスラム過激派につながる犯人グループの逮捕にこぎつけた。」と主張し、「パリではそれが不十分だったからだ、あんな大きな事故が起きちゃった」と述べている。

「二〇一五年にサミット、五年後に五輪を控える日本にとっても、もちろん他人事ではない。昨日の朝、久しぶりにTBSの情報番組サンデーモーニングをみた。さすがにテロ対策に識者が意見を交わすものと期待していたら、当てが外れた。どうあてがはずれたか？対策よりもテロ組織との誠実な対話が大事だという。そもそも過激組織が勢力を伸ばすきっかけになったのは米国のイラク攻撃それを指揮した日本にも責任の一端があるそうだ。」と。

果ては安保法制が槍玉に上がる。「フランスは米国とともにイスラム国への空爆を続けている。日本が後方支援に踏み切れば標的になってしまう」として、テロ対策の重要性を強調していた。

また産経新聞は、同月一八日に「共謀罪新設を再検討」を掲載した。その共謀罪を具体的に説明し、「要件に犯罪準備、対象は組織的集団に限定する」と主張し、産経新聞は非常に過剰な反応をしていた。

(4) 国連の名による抵抗の抑圧

・住民の抵抗とテロ

一体「テロ」とは、何なのであろうか。国連条約にも、明確な定義は存在しない。

日本では、特定秘密保護法一二条二項でテロリズムを定義している。それによれば、テロリズムとは、「政治上その他の主義主張に基づき、国家若しくは他人にこれを強要し、又は社会に不安若しくは恐怖を与える目的で人を殺傷し、又は重要な施設その他の物を破壊するための活動をいう」とされている。

ここで明らかになることは、テロリズムには三要件が必要だということである。

①政治上の主義主張に基づくこと
②国家・他人への主義・主張の強要、社会への不安・恐怖を与える目的
③人の殺傷、重要な施設その他の物を破壊するための活動

これらの三要件のすべてを満たさなければ、「テロ」とは言えない。

この「テロリズム」と同様な行動は、歴史的には多くの国に現れている。

フランス革命はテロだったのか？

日本の戊辰戦争はテロだったのか？

米騒動はテロだったのか？

江戸時代の一揆は、テロだったのであろうか？

それは、抑圧された人々の抵抗の運動が現れたに過ぎない。それがさらに、大きくなり、力が強くなったものが、市民革命であろう。今風に言えば、それをテロと言っているのではないだろうか。

統治されている人たち——被統治者——が抵抗権を発動して、「今の政治はいやだよ」というNOを突き付けている運動の究極的な姿、あるいは力に基づく抵抗運動がテロと言われているのだろう。

その抵抗という言葉があるからこそ、市民革命は行われたのである。市民社会を正統化する啓蒙主義思想家のイギリス人ジョン・ロックの『市民政府二論』の根拠になっているのは、この抵抗権の容認なのである。だから、抵抗権を無しにしては何も生まれないことは明白であろう。

今、二〇世紀末から二一世紀にかけて、ほとんどの国がテロという言葉を使っている。力を用いた反政府活動をテロと認定し、弾圧の根拠にしている。ロシアでも、中国でも一緒である。中国では、ウイグルとか、チベットの人たちに対して、何か暴動が起きれば、「あれはテロだ」と決めつけ、取締りを強化している。二〇一五年の一月一日に、中国では、反テロ法（中国名・中華人民共和国反恐怖主義法）が施行されたのも、偶然の結果ではないと思われる。

・統治者による住民抑圧の正当化

ここで、国連というのはどういう存在なのかを考えてみる必要がある。

国連は、国家の集団であり、そこでの話し合いに基づき、世界秩序を作ろうとしている。国家を代表するものは、その国を支配している政権である。したがって、国家の集団ということは、統治者である政権の集合体である。そこで成立した条約は、統治者の論理が貫徹されたものである。そこには、被統治者、抑圧された住民の側の論理は全然入ってこない。統治者対被統治者という対立構造は、国連対テロリズムとなり、住民による抵抗運動は、国連の名によって、鎮圧されることが正当化されてしまう。その理由として使われているのが、テロという言葉なのである。

このように、統治者集団の集まりである国連が、その統治をどのような抵抗があろうと、その抵抗を抑圧する、つまり自らの統治を正当化するために締結するような一括的で総括的で抽象的内容を含む条約は、世界人民の立場においては、到底容認できるものではない。また、共謀罪や計画罪の導入の基礎となる跨国組織犯罪条約は、テロを口実とした被統治者の抵抗運動を抑圧するものであり、条約そのものの廃棄を求めなければならないのではないか。

この条約は、よく考えてみると統治者のための条約であって、抵抗する側の条約にはなっていない。もしこの条約を変えるとするならば、ハイジャック防止条約や麻薬防止条約のように個別的な物（ブツ）に関する条約に置き換える、個別的な行為に関する条約に置き換えることが必要であろう。この条約が、長期四年以上の犯罪を行うような犯罪集団を処罰対象にしなければならないということは、非常に抽象的で、価値判断が入ってくるものであり、個別化できるものではない。
したがって、このような条約に基づく法案の制定には反対すべきであろう。

2 「共謀罪」の本質〜刑法を変質させる共謀罪〜

二〇〇五年一〇月二六日、衆議院法務委員会で参考人として意見を述べる機会を与えられた。その際に述べた意見は、現在でも十分に通用するものなので、採録することとする。

本法案には、共謀罪の単独処罰規定の新設をはじめとして、証人等買収罪、強制執行妨害罪、さらには、サイバー犯罪条約の締結を理由とする不正指令電磁的記録作成罪、電磁的記録に係る記録媒体に関する証拠収集手続の規定など多くの問題が含まれていますが、私は、その中で、特に重大な問題を含み、市民社会を変質させてしまう危険性のある「共謀罪の独立処罰規定の新設」についてのみ、意見を述べたいと思います。

法務省は、本法案の提案理由として、「国際的な組織犯罪の防止に関する国際連合条約の締結に伴い、組織的な犯罪の共謀等の行為についての処罰規定」の整備をあげています。

また、法制審議会においては、このような立法を行うのは、組織犯罪条約の批准に伴う国内法の整備であり、国内に立法事実があるからではないことを、法務省は認めていました。

では、なぜ、条約には存在しない言葉を用いた条文を作り、処罰範囲を拡大しようとしているのでしょうか。もし、立法事実が存在せず、条約の批准のみを目的とするのであれば、条約の内容を十分に検討し、規定できることとできないことをはっきりさせた上で、国内法には影響の出ないようなものを作るべきではないでしょうか。

法案は、組織的犯罪処罰法を改正し、六条の二として「組織的犯罪共謀罪」の新設を提案しています。その条文については、すでにご案内のことと思いますので、ここでは繰返しません。

では、なぜ組織的犯罪処罰法の改正を提案しているのでしょうか。組織的犯罪処罰法は、組織として犯罪を行う団体を処罰するものではありません。対象となる犯罪を行うことができる団体であれば、どのような団体でも適用されます。

この組織的犯罪処罰法の中に共謀罪を位置づけることは、共謀罪が組織的犯罪対策の一環として行われ、それに限定しているかのような外皮をまとわせることを目指しています。しかし、法案では、組織の持つ犯罪性は要求されていないので、どのような団体であれ、その団体の性質を問わず、法案に該当する犯罪の共謀を行えば、それは処罰対象とされています。

これでは、すべての組織がその対象となるでしょう。政党、会社、団体、市民運動など、すべての団体や組織が対象となるのです。しかし、この共謀罪の独立処罰を組織的犯罪処罰法に規定することにより、このようなすべての団体が適用対象になるという一般化の外皮を社会に隠し通すことができるのではないでしょうか。

では、提案されている共謀罪の具体的要件について考えてみたいと思います。

まず、対象犯罪としては、「死刑または無期若しくは長期四年以上の懲役又は禁錮の刑が定められている罪」でありますが、それは、全部で六一九の犯罪が該当すると答弁されています。この数は、もっと多くなるのではないかと思います。そのほとんどは、組織犯罪とはまったく無関係なものです。特に日本の刑法は、構成要件を柔軟に定め、法定刑の幅を広げています。その結果、長期四年以上の懲役又は禁錮の刑を定める犯罪が増えてしまうのです。構成要件を細分化していれば、長期四年以上の懲役又は禁錮に該当する犯罪は、それなりの重さを持つものに限定されているはずです。

処罰の対象とされる共謀については、「団体の活動として、当該行為を実行するための組織により行われるものの遂行」の共謀と定めています。

団体の活動については、組織的犯罪処罰法三条一項に定める規定によることになります。すなわち、「団体の意思決定に基づく行為であって、その効果またはこれによる利益が当該団体に帰属するもの」と定義されていますが、そこには、犯罪性はまったく要件にされず、逆にすべての団体が当てはまるようになっています。したがって、二人以上の者が集まって結成したものは団体であり、それで足りることになります。それ以上の限定はまったくありません。

法案は、そのような団体の活動として、その中に実行組織を編成し、対象犯罪の遂行を共謀することを犯罪としています。

ここで、刑法では、なぜ処罰対象を行為に限定しているのかについて考えて見ます。

イタリアのチェザーレ・ベッカリーアは、一七六四年に『犯罪と刑罰』という本を書きました。彼は、その中で、「犯罪の尺度は社会に与えた損害である」と述べています。これは、社会に損害を与えなければ、犯罪にはならないことを明らかにしています。つまり、考えただけ、話し合っただけでは、犯罪にはならないのです。ここに、思想が処罰されない根拠があるのです。

そのことの前提として、絶対主義国家における国家権力の恣意的行使と恣意的処罰を上げる必要があります。近代刑法は、啓蒙思想を媒介として、そのような国家刑罰権のあり方を規制するものとして誕生しました。

近代刑法では、その規制原則として、「法律なければ、犯罪なく、刑罰なし」という罪刑法定原則、「刑罰の重さは社会に与えた損害（侵害）の程度に従う」という侵害性の原則又は行為原則、「責任なければ刑罰なし」という責任原則を認めています。これらの原則は、今日でも守られなければならないと思います。

そこで、犯罪に至る過程を考えてみましょう。

次の頁の図表をご覧ください。

時間は、上から下へと過ぎていきます。犯罪を行おうとする者は、最初にどのような犯罪をどのように行うのかについて考え、決意いたします。この決意だけでは、社会的損害とは無関係であり、処罰されることはありません。

		法定刑	第一のタイプ	第二のタイプ	第三のタイプ
漠然とした考え	← 無処罰				
⬇ 決意	← 無処罰	4年以上の罪	共謀罪成立	共謀罪成立	共謀罪成立
⬇ 準備	← 予備罪		無処罰	無処罰	殺人予備罪 201条
⬇ 実行に着手	← 未遂罪		無処罰	窃盗未遂罪 243条	殺人未遂罪 203条
⬇ 結果の発生	← 既遂罪		建造物損壊罪 260条	窃盗罪 235条	殺人罪 199条

その決意に基づいて、犯罪実行の準備を行います。これが、予備の段階です。しかし、この段階では、まだ社会的損害を惹起していません。その危険性すら存在していません。だから、予備は無処罰が原則です。刑法は、総則には規定をおかず、個別犯罪として例外的に特に重大な殺人罪や強盗罪のような犯罪の予備についてだけ処罰することとしています。

これに対して、犯罪の実行に着手したけれども、何らかの理由により結果が発生しなかった場合には、未遂となります。これは、実行行為を行っているので、結果発生の危険性が高くなります。そこで、刑法では、総則に規定をおき、明文による規定がある場合には、未遂は処罰されることになっているのです。

犯罪行為を実行し、結果が発生すれば、既遂になります。犯罪と定められていれば、すべての既遂は処罰されることになります。これは、社会的損害が発生しているからです。

このように見てきますと、犯罪には、三つのタイプがあることになります。まず、第一のタイプです。これは、予備や未遂は処罰されず、既遂のみが成立する犯罪で、ほとんどの犯罪がこれに該当します。次に、第二のタイプは、未遂と既遂が成立する犯罪です。これは、法律の中で未遂処罰規定が存在する場合に適用されます。第三のタイプは、予備、未遂、既遂のすべてが処罰される犯罪です。これは、非常に例外的で、殺人罪や強盗罪など、特に重大な法益に対する犯罪についてのみ成立します。

ここで、今回問題となっている共謀罪の独立処罰規定をこの三つのタイプに当てはめてみましょう。共謀は、まだ決意の段階であり、社会的損害を惹起していないので、無処罰が原則であることが前提とされなければなりません。

第一のタイプの共謀罪。既遂のみが処罰対象とされる犯罪を共謀した場合についてです。この場合には、未遂や予備が処罰されないのに、なぜ共謀を処罰することが可能なのでしょうか。具体的事例で考えて見ます。刑法二五八条は公用文書毀棄罪についての刑罰を「三年以上七年以下」と定め、二五九条は私用文書毀棄罪について「五年以下」とし、二六〇条の建造物損壊罪では「五年以下」と定めています。これらの犯罪については、未遂処罰規定は存在していません。

ある労働組合が自分達の主張を明らかにするために、会社の建物に大きな文字で主張をどのように書き付けるかを相談したとすれば、建造物損壊罪の共謀に該当し、どのような準備も行わず、文字を書こうともしていないのに、この共謀だけで処罰が可能となります。その根拠はどこにあるのでしょうか。国民は誰一人として納得はしないでしょう。

第二のタイプの共謀罪です。これについても同様に指摘することができます。犯罪行為の準備過程である予備が処罰されないのに、それ以前の段階でとどまっている共謀がなぜ処罰されるのでしょうか。

第三のタイプと共謀罪についてです。この場合については、共謀罪処罰の説明はしやすいと思います。しかし、それが理論的正当性をもつかどうかは別の問題です。

次に、別の側面から、共謀罪について考えてみます。

ここは衆議院の法務委員会です。出席されている方々は、選挙で当選された代議士の方々です。その選挙を規律している法律は公職選挙法ですが、その中に、長期四年以上の懲役又は禁錮を定めている犯罪が存在することを皆様方はご存知でしょうか。衆議院にしろ、参議院にしろ、すべての議員に該当しますので、それについて説明します。

二二二条では、多数人買収罪を規定しています。これは、多数の人に対して買収行為を行った場合に成立する犯罪で、「五年以下の懲役又は禁錮」とされています。したがって、長期が四年以上ですので、共謀罪の対象とされる犯罪です。議員を当選させるために結成される選挙事務所は、事務長を頂点とし、出納責任者まで存在する団体です。事務長の下で、幹部が集まり、この不利な状況を打開するために、多数の選挙人を集め、供応接待をし、又は運動員として学生アルバイトを雇うことを共謀した場合、この共謀罪で処罰されることになるのではないでしょうか。

また、二二五条は、選挙の自由妨害罪を規定しています。それに対する罪として、四年以下の懲役又は禁錮が定められています。したがって、同様な事例の中で、不正な方法による選挙の自由を妨害することを共謀した場合も、この共謀罪に該当するでしょう。

この法案を提案している法務省は、このような事例は該当しないと言うでしょう。しかし、法文上、それが該当しない保障はどこにもありません。法文上該当するならば、適用されると見るのが通常であります。

委員の皆様。自分達の首を絞めるような法案に賛成しますか。賛成するとすれば、どうしてでしょうか。法務省の言いなりにならず、じっくりと自己の信念に基づいて考えてください。そうすれば、この法案の危険性は一目瞭然だと思います。

これら二つの事例は、第一のタイプに該当するもので、どちらも未遂処罰規定はありません。既遂しか処罰できないのです。なぜ、共謀だけで処罰できるのでしょうか。議員の皆さん。よく考えてください。社会的に害悪を与える団体だけが対象とされているのではないのです。どのような団体であっても、対象とされる犯罪を行うことを共謀した場合には適用されることになります。

テレビで、誰かが発言していました。共謀罪を摘発するためには新たな捜査手法を採用せざるを得ない、すなわち、盗聴を行う必要があると。この発言は、まったく正しいと思います。捜査機関が真剣に取締りをしようとするならば、そこまで行くしかないでしょう。このような盗聴に根拠を与える法律なのです。

この法案では、立法化は見送られていますが、条約では、「特別な捜査方法」の採用が義務付けられています。条約二〇条によれば、「適当と認める場合には、電子的その他の形態の監視、潜行捜査等の特別な捜査方法の利用ができるように、可能な範囲内でかつ自国の国内法により定められる条件の下で、必要な措置をとる」とされ、共謀罪の立証に必要な盗聴の拡大が図られることは間違いないと思われます。その場合、科学の進歩に応じた新たな盗聴が行われ、すべての会話が盗聴可能となってしまうでしょう。

さて、次は、財界についてです。株式会社が団体であり、そこでの活動は組織として行われていることについては異論がないと思います。したがって、犯罪行為に該当することの実行を相談し、結論が出されれば、共謀が成立とみなされるでしょう。

この共謀罪で実際に有罪を獲得することは非常に難しいでしょう。だから法律を成立させてもよいということにはなりません。

刑罰法規は、犯罪を作り出し、捜査の対象を作り出すのです。共謀が捜査の対象です。捜査は、警察官の主観的嫌疑で始められます。捜査の過程で、犯罪の嫌疑がなくなった場合には捜査を終了することになります。

この共謀罪がどのように使われるのかについては、まったくわかりません。しかし、法律は、制定されてしまえば、一人歩きをします。言葉に書かれていないことを信用するわけにはいきません。立法事実が存在しないのであれば、批准に適応するが、国内では適用できない法律を作ればよいのです。

一度失われた権利を回復することは容易ではありません。権力は、一度手に入れた権利を絶対に手放さないでしょう。その例が、コントロールド・デリバリーです。これは、麻薬新条約を批准するために、麻薬特例法で認められたものですが、その後、銃刀法にも導入されました。このことからはっきりすることは、国民は、権利を失うことは容易だけれども、守ることは非常に難しいということであります。

共謀罪新設により失われるものは、非常に大きいでしょう。結果的には、私たちの生活が日常的に監視されることになってしまいます。その監視権限を、絶対に、権力に渡してはならないと思います。

一九九八年五月に行われたバーミンガム・サミットでは、国際的組織犯罪に対抗するためには、新たな犯罪捜査手法を導入すべきであるとのコミュニケが発表されましたが、その根底にあるのは、「二一世紀の犯罪に一九世紀の武器では対抗できない」というリノ・アメリカ司法長官の発言にあるような、新しい犯罪の創出であります。そこには、アメリカにおける、国内ではもはや処理できないもどかしさを垣間見ることができるでしょう。そこで、国際協力を強力に推進することにより、国際的な組織犯罪に対抗しようとしたのではないでしょうか。それは、アメリカの危機意識の表れであり、同時に、世界のアメリカ化に与したサミット参加八ヶ国首脳の危機意識の表明でもあります。

そこにおけるキーワードは、ポスト・モダン論であります。しかし、このポスト・モダン論は、法治国家においてどのような意味を持っているのでしょうか。近代社会で樹立された法治国家論がすでに過去のものであるとするならば、それについての説得的議論を展開する義務が、主張する側に存在します。しかし、いまだ、説得的な議論とはなっていないのが現実であります。

果たして、近代市民社会の成立において勝ち取られた近代刑法の諸原則は、今や、その存在意義を失ってしまったのでしょうか。あるいは、見直されなければならないのでしょうか。もう一度、近代社会の原点に立ち返って考えてみる必要があるのではないでしょうか。

共謀罪の新設は、刑法改正に匹敵するものです。その新設により、私たちが生活しているこの社会が変質してしまいます。また、近代刑法が確立した原則を否定してしまいます。そのような法律は、十分な国民的議論が必要なのではないでしょうか。法務省の御用学者の集まりである法制審議会が答申したからといって、そのまま認めてよいということではありません。

国会は、立法の場です。立法を担うべき理性ある人々の集まっているところです。私利私欲を捨て、党利党略の立場に立たず、国民の立場に立った真摯な議論を希望してやみません。

注　国連跨国組織犯罪防止条約について：これは、英文正式名称でConvention against Transnational Organized Crimeという。日本では、外務省や法務省の政府機関が「国連国際組織犯罪防止条約」と訳し、日弁連や市民団体等は「国連越境組織犯罪防止条約」と訳している。これは、Transnationalの解釈の問題と同時に、条約の性質をめぐる問題である。外務省は、「国際的」と訳し、市民の立場では「越境的」と訳されている。しかし。国連条約の正文の一つに加えられている中国語の表記を見てみると、そこでは、「跨国的」とされている。そのことは、条約が国と国にまたがる組織犯罪を防止するためのものであることを示しているのであり、単に国際的な組織犯罪という定義とは異なっている。また、「越境的」というのは、国を越えることを意味し、またがることを完全には示していない。そこで、私は、「国連跨国組織犯罪防止条約」という訳文を用いることを提唱している。同じ漢字の国として、翻訳に際しては、正文である中国語を利用すべきではないだろうか。

3　二〇〇六年法務委員会での攻防

（1）趣旨説明の強行

二〇〇六年四月二一日、与党側は、衆議院法務委員会において共謀罪の創設を認める組織的犯罪処罰法六条の二の修正案（資料2参照、135頁）を提案し、野党が強く抗議するにもかかわらず、その趣旨説明を強行した。

そもそも、共謀罪は、二〇〇〇年に締結された国連跨国組織犯罪条約を批准するために、国内法整備の一環として提案されたものであり、当初、法務省は、「国内には、共謀罪を必要とする立法事実は存在しない」と説明していた。にもかかわらず、その後の審議では、暴力団のような組織犯罪対策としては必要であるとの主張がなされるようになった。

提案された共謀罪の要件は、次の三点である。①法定刑の長期が四年以上の懲役又は禁錮に当たる罪の遂行を共謀すること、②その遂行は団体の活動として行われること、③その遂行はそれを実行するための組織により行われること。

このような共謀罪に対しては、団体が組織犯罪に限定されず、市民運動や労働運動などすべての団体が含まれてしまい、犯罪の基本は法益・権利を侵害することであるにもかかわらず、共謀は二人以上の者の意思の合致で処罰され、内心の自由に反しているとの批判が出されていた。

(2) 与党修正案批判

・批判的検討

修正案は、二つの内容を含んでいる。

①団体の活動について、目的規定を設けた。

②いわゆる「オーバートアクト」の導入

①は、団体の活動について目的規定を設け、さも限定したかのような外観を呈している。

しかし、それは、「団体」の目的ではなく、「団体の活動」の目的である（「その共同の目的」でいう「その」は「活動」を指していることに注意）。団体については、すでに二条に定義規定があり、又、三条一項本文で、団体の活動についての一般的定義規定がおかれている。団体としては別の目的があっても、当該活動の目的が、一号や二号で規定されているような罪（長期四年以上の罪）または別表第一の罪を実行することにある場合に該当することになる。団体の目的は、その規約等にはっきりと書かれているが、活動の目的はそれほど明確ではない。活動主体としての組織がその目的を決めるであろう。その目的は客観的に見えるものではなく、きわめて主観的なものである。したがって、それらの罪に当たる目的を有する活動か否かについての客観的基準はなく、その判断は、取締当局の主観的判断に委ねられることになる。

一号や二号で規定されているような罪または別表第一の罪を「実行することにある団体」として目的規定をおいても、そもそもその団体の活動として、規定されている罪の遂行を共謀しているのであり、当然その目的は認定されることになる。これは、同義反復であり、なんらの限定にもなっていない。

また、最近における判例の傾向は、目的立証に関する挙証責任の転換を図っている。当局により目的があると認定された場合、被告人側が目的の不存在を立証しなければならなくなる。

さらに、別表第一を加え、公務執行妨害罪を活動目的とするものも含まれている。これによって、直接的には処罰範囲が拡大されるわけではないが、公務執行妨害に該当する行為というのは、通常、政府批判を行う側が当局の弾圧により公務執行妨害とされるのであり、非常に主観的認定をされてしまう。このようなことを活動の目的とする場合、規定されている罪の共謀が処罰対象とされるのであり、多くの市民運動や労働組合など政府批判を行う団体が完全に含まれることになる。特別国会で刑事局長が「含まれることはない」とした答弁とはまったく異なる結果となるであろう。

この別表第一を活動目的に加えたことにより、まったく変な構造となってしまった。別表第一の四号で、公務執行妨害罪が対象とされている。そこでは、括弧書きで、「裁判、検察又は警察の職務を行う公務員による次に掲げる罪に係る審判又は捜査の職務の執行を妨害する目的で犯されたものに限る。」との限定が付けられ、イからヘまでの罪が規定されている。そのうち、イでは、「第六条の二（組織的な犯罪の共謀）の罪」が含まれている。これは、今問題の共謀罪の規定である。共謀罪の捜査が行われているときの公務執行妨害罪が対象に含まれることになってしまう。これでは、括弧書きは限定にはなっていないといわざるを得ない。

②は、オーバートアクトの導入であるが、通常「顕示行為」といわれるものである。これは、従来いわれていた「ためにする行為」と基本的には変わっていない。しかし、問題はその規定ぶりにある。すなわち、処罰の対象としての構成要件は、「遂行を共謀したこと」であり、「共謀に係る犯罪の実行に資する行為が行われたこと」ではない。後者をも構成要件に含めるとすれば、別の規定ぶりであろう。「行われた場合において」とは、「遂行を共謀した者」が、資する行為を行った場合に処罰することを意味しているのであって、構成要件は、「共謀の遂行」で充足されている。つまり、後者は客観的処罰条件であり、後者に該当することは処罰の条件に過ぎなくなる。したがって、構成要件的にはなんらの限定もされていないと同じであり、非常に危険な規定である。

このことは、そもそも訴追を目的とせず、弾圧だけを目的とする捜査活動においては、構成要件の充足だけで捜査を開始することはできるので、非常に好都合である。つまり、そのような捜査活動は、処罰を目的としていないので、処罰条件を必要としないからである。

「資する行為」の解釈はまったく主観的なものである。その解釈は、一方的に当局の手に委ねられる危険性がある。その主観的解釈と前者の指摘があいまって、限定されたような外観を呈していながら、実はなんらの限定も加えていないことと同じであろう。

刑法における決意から結果発生への段階的処罰構造を無視し、既遂すなわち結果発生しか処罰しない犯罪の共謀を処罰するという共謀罪の根本的欠陥は、どのような修正案を提示しても是正されるものではない。

(3) 与党再修正案批判

・再修正案の内容

二〇〇六年五月一二日午前、衆議院法務委員会理事会で、与党は、再修正案(資料3参照、136頁)を民主党に提出した。その内容は、次のとおりである。

第六条の二　次の各号に掲げる罪に当たる行為で、組織的な犯罪集団の活動(組織的な犯罪集団(団体のうち、その共同の目的がこれらの罪又は別表第一(第一号を除く。)に掲げる罪を実行することにある団体をいう。)の意思決定に基づく行為であって、その効果又はこれによる利益が当該組織的な犯罪集団に帰属するものをいう。)として、当該行為を実行するための組織により行われるものの遂行を共謀した者は、その共謀をした者のいずれかによりその共謀に係る犯罪の実行に必要な準備その他の行為が行われた場合において、当該各号に定める刑に処する。ただし、死刑又は無期若しくは長期五年以上の懲役又は禁錮の刑が定められている罪に係るものについては、実行に着手する前に自首した者は、その刑を減軽し、又は免除する。

傍線を付した部分が再修正されたところであり、全部で四箇所ある。

この修正により、与党は、共謀の主体を組織犯罪集団に限定し、市民運動、労働組合などは含まれることがないことを明らかにしたというであろう。しかし、これはうそである。この再修正された部分を厳格に検討すれば、このことは明らかになる。

・組織的な犯罪集団

括弧の中は、二つに分かれているが、これは、組織的な犯罪集団を説明したものである。

ここで、便宜上、外の括弧を大括弧とし、内の括弧を小括弧と呼ぶことにする。

まず大括弧では、小括弧を除くと、「組織的な犯罪集団の活動（組織的な犯罪集団の意思決定に基づく行為であって、その効果又はこれによる利益が当該組織的な犯罪集団に帰属するものをいう。）として、」となり、この括弧では、組織的な犯罪集団の活動を説明している。

次に、小括弧では、「組織的な犯罪集団（団体のうち、その共同の目的がこれらの罪又は別表第一〈第一号を除く。〉に掲げる罪を実行することにある団体をいう。）」として、組織的な犯罪集団を定義している。

ここでは、たくさんある団体のうち、「その共同の目的がこれらの罪又は別表第一（第一号を除く。）に掲げる罪を実行することにある団体」を「組織的な犯罪集団」としている。これは、その共同の目的がこれらの罪を実行することにある団体とし、あたかもこれらの罪の実行を目的とする団体に限定したかの外観を呈している。しかし、果たしてそうであろうか。もしそのように読むならば、「共同の」は不必要である。つまり、「団体のうち、その目的がこれらの罪を実行することにある団体」であれば、団体の目的として犯罪の実行を掲げていることが要件となるだろう。しかし、ここではそうではなく、「団体のうち、その共同の目的」とされている。では、この「共同の目的」は何を意味しているのであろうか。それは、一定の目的を有する団体のうち、何かを実行する組織の目的を指すのではないか。その組織の共同の目的がこれらの罪を実行することであれば、その組織はこの条文に該当することになる。本文で、「組織的な犯罪集団」と規定し、「組織的な犯罪団体」

とはされていないことに注意する必要がある。

株式会社を例にとってみよう。会社は定款でその目的を定めている。したがって、ここで言う組織的な犯罪団体ではない。しかし、ある営業課が販路拡大のためダンピングを行ってでも売ることを相談し、それを実行に移すことを決定した場合には、その営業課の共同の目的がダンピング罪に該当することになるであろう。このように考えると、これは、団体の目的で制限したものではなく、団体のうち、そこに存在する組織の共同の目的で足りることになるだろう。これでは、限定を加えたことにはならない。

このことは、大括弧にある「組織的な犯罪集団の意思決定に基づく行為」についても言えることである。小括弧で、団体の目的としての犯罪団体に限定されているとすると、団体の意思決定となり、それなりの機関決定が必要になる。会社であれば、取締役会の決定が必要になるだろう。しかし、ここではそれが要求されているのではなく、団体の集団性が要求されているにすぎず、先に述べた組織性で足りることを示しているだろう。そのように考えると、この「意思決定」は、行為としての「共謀」と基本的に変わらないものとなる。つまり、この犯罪集団は、意思決定で共謀するのであり、何も意思決定が先行して存在しなければならないことにはならない。共謀の存在そのものが組織としての意思決定であるという認定は十分に可能であろう。

　さらに、小括弧の別表第一には、公務執行妨害罪が含まれている。なぜ、長期四年以上の罪では足りず、公務執行妨害罪まで、対象犯罪に含める必要があるのだろうか。

　小括弧が団体の目的を定めているものとすれば、公務執行妨害罪の実行を目的とする団体が存在することになる。与党の提案者よ。そのような団体は日本に存在するのであろうか。このような質問に対しては存在しないと答えるに決まっている。存在しないものを対象に含めることはそれなりの根拠があるのだ。それは、小括弧が団体の目的ではなく、団体に属する組織の目的を定めているものだからだ。まさに、行為の実行を共謀するに際し、その際に発生する警察官とのぶつかり合いにおいて、それの排除を容認していれば、公務執行妨害の実行を目的とすることになるのではないか。果たしてこのような判断をしてまでも、公務執行妨害の罪の実行を対象に含める必要はあるのだろうか。

　対象集団を広げることは、捜査の主観性を考慮すれば、運動への捜査機関の安易な介入を招くことになる。

　次の問題は、「その共謀をした者のいずれかにより……行われた場合において」についてである。

当初の修正案は、この部分について、「資する行為が行われた場合において」であった。つまり、「資する行為」を「必要な準備その他の行為」と再修正したのである。これについては、民主党案が「その犯罪の予備をした」としたことと無関係ではない。この民主党案を考慮し、それに近づけるためにこのように再修正したのであろう。内容的にはかなりの進歩である。「その他」とされたことについて、かなりの意見が出ているが、その前段階として、「必要な準備」を入れたことにより、それに見合う程度の要件を満たした行為が存在しなければ、「その他の行為」には該当しなくなったのである。よくなったときはそれなりの評価を加えるが正しいと思う。

しかし、「必要な準備」といったとき、それはどの程度の準備を指すのであろうか。準備は非常に広い概念である。その意味では、それも考え方によっては、制限したことにはならないといい得るであろう。

ここでの問題は、このような字句の問題ではない。構造の問題である。その意味では、民主党案も同様な批判を浴びることになる。

この部分は、犯罪の成立には無関係であり、裁判となったときに、裁判所が有罪判決を出すために必要なことを定めたに過ぎない。つまり、有罪判決には必要であるが、そうでない場合には必要ではなく、犯罪の成立にと無関係であることに注意しなければならない。

これを客観的処罰条件という。犯罪は、「罪の遂行を共謀した」ことにより成立する。犯罪が成立すれば、捜査は可能である。客観的処罰条件の存在は必要ではない。

与党の修正案、再修正案及び民主党案は、すべてこの構造をとっている。これでは、「罪の遂行の共謀」により犯罪は成立するので、その段階で捜査が可能となり、被疑者は逮捕されることになる。まして、要件が非常に主観的であるがゆえに、さらに、その危険性は強くなってしまう。

今述べたことは、犯罪の成否に無関係であるが、マスコミ報道では、これをあたかも犯罪の成否に関係あるかのように書かれ、主張されている。これでは、起草者の意図を誤解していることになる。マスコミは書かれた言葉の中からその真意を見出すべきであり、話された言葉と矛盾する場合には、その矛盾を書かれた言葉の観点から追及すべきであろう。現在のマスコミは、不勉強のせいであろうか、そのような観点が抜け落ち、話された言葉に重点を置いている。これは、国会での審議でもいえることである。法律の言葉は、言葉として意味を持っている。その言葉こそ大切である。その意味を確定し、その真意をただすことこそが大切であろう。

このような大切な要件を、客観的処罰条件としてはならない。犯罪の成立に必要だと言葉で説明するならば、それを書き言葉で担保すべきである。

与党の諸君。「必要な準備その他の行為」の存在が犯罪の成立に必要であるならば、犯罪構成要件の部分を、「罪を共謀し、その実行に必要な準備その他の行為を行った者は」とすべきである。こうすることにより、準備行為の存在が構成要件となるのである。

ここでの主張は、与党の再修正案の立場で述べたものである。そのほうがよりましだという程度である。

内心の自由を侵害する共謀罪は、刑法の持つ基本的枠組みを根本から否定するものであり、共謀罪をどのように限定したとしても、その欠陥が正当化されるものではない。共謀罪を永久に葬り去ることこそが大切なのだ。

与党の再修正案は、スパイ社会を招くと批判された自首減免規定に手を加え、「死刑又は無期若しくは長期五年以上の懲役若しくは禁錮の刑が定められている罪」については、実行に着手する以前に自首した場合には、その罪を減軽又は免除すると修正した。

これは、従前の四年以上のものから一年引き上げたものである。

その真意はどこにあるのであろうか。民主党案では、自首減免規定が適用されるのは、「死刑又は無期の罪」である。与党再修正案は、これにひきずられたのであろうか。まったく真意不明の規定である。

共謀罪の重さを考えた場合、共謀の対象である罪の重さがそのまま共謀罪の重さではない。長期一〇年を境にして、その重さをことにしている。民主党案は、その点を考慮しつつも、特に対象犯罪が重大である「死刑又は無期の罪」に限定して自首減免規定を適用している。

では、与党再修正案に理由があるのであろうか。私には、その真意がまったく分からない。

もし、共謀罪の重さで分けるならば、一号と二号に分けて規定されている罪の重さに着目し、それに応じた自首減免規定であれば、それなりに論理的であり、説得力があるだろう。その点においても、一年引き上げた理由は不明であり、その根拠はどこにあるかも分からない。

さらに、三項として、思想・良心の自由、結社の自由のような国民の基本的人権に対する不当な制限と労働組合などの正当な活動に対する制限を戒める規定をおいている。これは、修正案にあったものをさらに広げ、労働組合などの団体の活動への介入を制限しようとしたものである。

ところで、このような規定は、法律そのものが基本的人権を侵害するものであるから、敢えてそのようなことがないように、注意的に規定したものである。その例としては、軽犯罪法を見れば明らかである。

このような規定が存在するから、労働組合の活動には適用されないと思う運動家は誰もいない。そんなことは夢物語である。法文上、「あってはならない」と規定され、「してはならない」とはされていない。それが注意書きなのである。本当に適用しないならば、「制限してはならない」と規定し、その違反に対しては、罰則が規定されるはずである。しかし、そこまでも捜査機関を制限することはできないのだ。だから、「制限することがあってはならない」と規定したのである。このような規定があるからといって、権力行使が制限されたと考えるのは、誰一人として存在しないであろう。

一項での適用が人権侵害規定であるからこそ、このような規定がおかれたのである。だまされてはいけない。すでに述べたように、この再修正案は、組織犯罪団体に限定したものではなく、どのような団体にも適用可能性を残したものである。

このような悪法には、断固として反対しようではないか。

（４）与党再々修正案批判

・二つの修正案の違い

二〇〇六年五月一九日、与党は、法務委員会において、再々修正案（資料４参照、137頁）を野党側に提示した。この修正案で、質疑打ち切り、採決の強行を行う手はずになっていた。しかし、現実には、小泉首相の働きかけと河野議長の斡旋により、強行採決は回避された。

現実には、公的には登場することのなかった修正案と公的に提出された再々修正案がある。ここで、両者の違いがどこにあるかを明らかにする。そのことによって、すでに行った修正案批判がどこまで妥当するかが明らかになるだろう。

・再修正案

第六条の二　次の各号に掲げる罪に当たる行為で、組織的な犯罪集団の活動（組織的な犯罪集団（団体のうち、その共同の目的がこれらの罪又は別表第一（第一号を除く。）に掲げる罪を実行することにある団体をいう。）の意思決定に基づく行為であって、その効果又はこれによる利益が当該組織的な犯罪集団に帰属するものをいう。）として、当該行為を実行するための組織により行われるものの遂行を共謀した者は、その共謀をした者のいずれかによりその共謀に係る犯罪の実行に必要な準備その他の行為が行われた場合において、当該各号に定める刑に処する。ただし、死刑又は無期若しくは長期五年以上の懲役又は禁錮の刑が定められている罪に係るものについては、実行に着手する前に自首した者は、その刑を減軽し、又は免除する。（傍線は、政府案を修正した部分である。）

・再々修正案

第六条の二　次の各号に掲げる罪に当たる行為で、組織的な犯罪集団の活動（組織的な犯罪集団（団体のうち、その結合関係の基礎としての共同の目的が死刑又は無期若しくは長期五年以上の懲役又は禁錮の刑が定められている罪又は別表第一（第一号を除く。）に掲げる罪を実行することにある団体をいう。）の意思決定に基づく行為であって、その効果又はこれによる利益が当該組織的な犯罪集団に帰属するものをいう。）として、当該行為を実行するための組織により行われるものの遂行を共謀した者は、その共謀をした者のいずれかによりその共謀に係る犯罪の実行に必要な準備その他の行為が行われた場合において、当該各号に定める刑に処する。ただし、死刑又は無期若しくは長期五年以上の懲役又は禁錮の刑が定められている罪に係るものについては、実行に着手する前に自首した者は、その刑を減軽し、又は免除する。（傍線は、再修正案を修正した部分である。）

この比較から、再々修正案は、再修正案をほとんど修正していないということである。当初の政府案と比較すれば、大きな違いがあるが、すでに一度再修正案を提示し、その検討を行った立場から見れば、この修正には大きな意義を認めることはできない。

・「組織的な犯罪集団」は変わったか

基本的には、何も変わっていない。

再々修正案には、「共同の目的」の前に、限定するものとして「結合関係の基礎としての」が加えられている。この言葉を加えたからといって、限定されたわけではない。

単純に理解すれば、二人以上の組織において、その組織の基礎となっている共同の目的がこれらの罪等を実行することにあるものを指しているのである。「再修正案批判」で明らかにしたように、「団体」という言葉は、A株式会社、B銀行、C団体、あるいはD興業など大きな組織そのものだけではなく、その大きな組織の中に存在する、小さな組織も含んでいる。会社でいえば、部、課、係などがこれに当たる。「再修正案批判」で明らかにしたように、それぞれの組織の「結合関係の基礎としての共同の目的」といえば、その課や係の目的であろう。それは、会社の方針に規定されつつも、その課や係で決定できるものである。そのように考えると、この「結合関係の基礎としての」を加え、共同の目的を限定したとしても、内容的にはなんら変更ないことになる。

その他の点については、「再修正案批判」を参照されたい。

(5) 与党最終修正案批判

「共謀罪法案」の継続審議を決定した二〇〇六年六月一六日の衆議院本会議後に開催された法務委員会で、与党は、実務者協議会での協議を経た上で作成されたものとして、修正案（資料5参照、138頁）を提出し、「これを会議録の末尾に参考として添付したい」との提案を行い、賛成多数で、その旨が決定された。

この意図は、明白である。継続審議の対象とされるものは政府案のみであり、その間に提出され、討議されたすべての修正案は、継続の対象とはならない。そこで、議長斡旋の結果、設置された実務者協議会での協議を経た上で作成されたことを大義名分とし、その案こそが、秋以降開会される臨時国会での審議の出発点であることを明らかにしようとしたのである。しかし、これは与党の自民党と公明党の間で作られたものであり、野党は協議に加わっていなかった。したがって、この修正案に対する明白な批判を即座に展開しなければならない。

この修正案の特徴は、次の点に現れている。

①団体については、五月一九日の強行採決に際して与党が用意した再々修正案に従っている。したがって、再々修正案に加えた批判がそのまま当てはまる。又、再々修正案は、再修正案に「結合関係の基礎として」を加えただけなので、それに対する批判もそのまま適用し得るであろう。

すなわち、「共同の目的」の前に、それを限定するものとして、「結合関係の基礎としての」が加えられている。

このことを単純に理解すれば、それは、二人以上の組織において、その「組織の基礎となっている共同の目的がこれらの罪等を実行することにあるもの」を指しているのである。再修正案と同様に、「団体」という言葉は、A株式会社、B銀行、C団体、あるいはD興業など大きな組織そのものだけではなく、その大きな組織の中に存在する、小さな組織も含んでいる。会社でいえば、部、課、係などがこれに当たる。それぞれの組織の「結合関係の基礎としての共同の目的」といえば、その「課」や「係」の目的であろう。それは、会社の方針に規定されつつも、その「課」や「係」で決定できるものである。そのように考えると、この「結合関係の基礎としての」を加え、共同の目的を限定したとしても、内容的にはなんら変更ないことになる。

②犯罪の根幹をなす構成要件的行為については、「罪の遂行を共謀した者」から、「罪の遂行について、具体的な謀議を行い、これを共謀した者」に修正された。つまり、「具体的な謀議を行い」を加えたのである。これにより、共謀共同正犯の成立範囲が異常に拡大されている現状との違いを明らかにしようとしたのであろう。

しかし、これは、当たり前のことを述べたに過ぎない。「謀議なき共謀」などは存在しない。共謀が成立するためには、謀議が行われたことが必要である。最近における最高裁判決での拡大現象は、正犯の拡張として広げられたに過ぎない。共謀共同正犯では、「罪となるべき事実」（構成要件に該当する行為）を実行行為者（正犯）が行い、その正犯としての責任をさらに広げるものとして「共謀」が用いられているのだ。

それに対して、「共謀罪法案」での「共謀」は、「罪の遂行を共謀した者」に該当するものので、まさにそれは、「罪となるべき事実」であり、処罰の対象とされる「行為」そのものである。したがって、裁判では、それは厳格な証明の対象とされなければならない。

この両者の違いが理解されていれば、「共謀罪法案」での「共謀」に「謀議」が必要であることは当然である。逆に考えた場合、この法案以外の「共謀」では、「謀議」は必要ではないとの主張に立法的根拠を与えることにならないだろうか。
③自首減免規定を情状免除に修正した。
④三項として、刑事訴訟法とは別に、逮捕要件を定めた。すなわち、「第一項本文に規定するその共謀に係る犯罪の実行に必要な準備その他の行為が行われたことを疑うに足りる相当な理由があるときに限り」逮捕・勾留することができるとしたのである。
本来、これは、客観的処罰条件の規定である。この客観的処罰条件を逮捕要件とした場合、他の同様な条件への影響も考慮されなければならない。

刑事訴訟法は、逮捕について、現行犯逮捕（二一三条）、令状逮捕（一九九条）、緊急逮捕（二一〇条）を規定している。したがって、逮捕要件を定めてしまうと、すべての逮捕に適用されることになり、警察官が共謀の現場に居合わせたとしても、その警察官は現行犯で逮捕することはできなくなる。逮捕は、すべてにおいて共通なものだからである。この場合、被疑者が客観的処罰条件を満たすまでは、逮捕されることはないことになる。

又、犯罪の捜査は、警察官の主観的嫌疑で始めることができる（一八九条二項）。これは任意捜査に限定されているが、その際に現行犯に当たった場合、その者を逮捕できないのはおかしいということになるのではないだろうか。

(6) 国会での審議

第一六四回通常国会は、二〇〇六年六月一八日に終了した。他人の意見も聞かず、独善的な主張を繰り返し、アメリカの下僕と成り下がった小泉が首相として臨む最後の国会であった。「格差社会を実現する」という小泉改革の総仕上げの国会である。そこでは、「改革」のために積み残されたことを実現すれば、小泉にとって、「改革」は完了する。

内閣提出法案であり、内容的には重要法案である「国民投票法案」「教育基本法改正法案」などは、小泉の主体性のなさに助けられ、国会での審議がほとんど行われず、継続審議とされた。

これに対して、「共謀罪法案」は、二〇〇五年の第一六二回通常国会で審議が始められ、解散による廃案を経て、その後の第一六三回特別国会に、まったく同様な政府案が提出・審議され、その動きが、二〇〇六年の通常国会に引き継がれた。すでに、法務委員会での審議時間数だけは、四〇時間を越えている。

したがって、時間数だけからすれば、いつでも強行採決の危機は存在した。二〇〇五年の総選挙で与党が圧勝した結果、その危機は倍増していた。しかし、「共謀罪法案」に対する国民の批判は日を追うごとに強まり、強行採決の機会を与えることはなかった。

一般的な国会であれば、積み残した案件については、その多くを継続審議とし、次期国会で決着を図る手立てを整える。ところが、この国会には、ひとつの異例な法案が採決されずに、衆議院法務委員会に残っている。いわゆる「共謀罪法案」だ。

この法案については、実質的には、すでに法務委員会の手を離れ、国会対策委員会に委ねられている。五月一九日に予定された強行採決は、小泉首相の「鶴の一声」と河野衆議院議長の斡旋により否定され、与野党間で協議を継続することになった。

又、六月一日には、細田自民党国会対策委員長の「民主党案丸呑み」提案がなされ、翌日に採決の危機があったが、民主党の抵抗により、その奇策も泡と消えた。

従来、法務委員会での審議を通じて、法務省や与党は、「民主党案は条約を逸脱している」と指摘していたにもかかわらず、唐突に丸呑みするといっても、「はい、そうですか」とはいかない。

このように、当初提案された政府案は、すでにずたずたにされ、与党の一角を占める公明党からも修正要求が出ている。にもかかわらず、六月一六日の法務委員会で、この「共謀罪法案」の継続審議が賛成多数で決定され、この国会で提出された与党の修正案や民主党案もすべて廃案とされてしまった。

では、法務委員会は、これから「何を」審議しようというのであろうか。継続されるのは、政府案だけであり、提出され、審議された与党案も、民主党案も、継続されることはない。継続審議の対象となるのは、「政府案」だけである。しかし、「政府案」は、すでにずたずたにされ、誰しもがそれには賛成していない。おかしな現象である。最終的に残っている与党案と民主党案の継続審議を決定すれば、このような矛盾を生じることはなかった。

又、新たな問題として、本当に条約上、共謀罪を新設することは必要なのであろうか。条約では、参加罪か共謀罪の二者択一である。「共謀罪ありき」の議論ではなく、どちらを採用するかの議論から、国会でなされなければならない。さらに、「立法ガイド」（資料11参照、162頁）の内容も紹介され、参加罪や共謀罪ではない、別の方法も可能であることが明らかになりつつある。

このような現状において、法務委員会は、「共謀罪法案」を継続審議とした。この継続審議を提案した与党は、その大義名分をどこに求めているのだろうか。継続審議を提案し、多数の横暴で可決した与党は、これだけ国民的関心が高まった法案の継続審議の必要性について、納得いくまでの説明責任を果たさなければならない。

すでに述べたように、政府が提案した「共謀罪法案」については、内容的にはすでに廃案にされたものとみなされ、それを提案した法務省に対しても、解決すべき更なる条約上の問題も宿題として残された。

この「共謀罪法案」の行く末は、廃案しかない。与党は、現在の国民的関心の深刻さを理解し、英断を持って廃案の道を選択すべきであった。

私は、同年六月一五日、自身のホームページで、「小泉首相。あなたは、この法案に、『鶴の一声』を発した。自民党の総裁として、もう一度『鶴の一声』を出し、新しい総裁の下での解決を提案したらどうだろうか。それは、廃案への決断だ。」と書いた。現在でも、この気持ちは変わっていない。

（7）今一度考えよう。「共謀罪の本質」を！

私は、これまで、何回も話したり、ものを書いたりして、共謀罪が日本の刑法体系にはまったく合わないことを主張してきた。

共謀は、二人以上の者が犯罪の遂行を相談（謀議）し、その相談がまとまったことにより成立する。これは、共謀を行った者の内心の問題であり、単独で犯罪の遂行を計画する場合と同じである。これだけでは、犯罪の準備も行わず、予備行為も行っていないので、外部的にはなんらの害悪も惹起してはいないし、その危険性すらない。それにもかかわらず、政府案のように、「長期四年以上懲役又は禁錮を定めている罪」を共謀罪の対象とした場合、建造物損壊罪のように、既遂しか処罰されず、未遂や予備が処罰されない犯罪に共謀罪が成立することになる。未遂や予備が処罰されないのに、それより以前の共謀がなぜ処罰されるのかという問いに対し、政府側は明確な答弁をしていない。ただ「条約による」と答えるのみである。このような既遂のみが処罰され、未遂や予備が処罰されないが、共謀は処罰されるという処罰の「中抜け現象」は、対象となる六一九の犯罪のほとんどに当てはまることである。このような人権侵害の危険性が指摘されている法案については、政府は、法案を無理やり通そうとするのではなく、合理的な、誰でもが納得できる説明をする必要があるであろう。

ここでは、別の側面から、共謀罪の本質に触れておこう。

従来の刑法は、市民社会を対象としたものであり、それで十分であった。ところが、跨国組織犯罪条約は、各国に対し、組織的犯罪に対する共通した処罰を行おうと提起している。この提起を受け、それぞれの国は、条約の要請にこたえる範囲で国内法の整備を行い、条約を批准している。そこでは、何も、すべてを条約どおりにしているわけではないことに注意する必要がある。

ここで作られ、あるいは作られるべき刑法と従来の刑法とは、どのような係わり合いがあるのであろうか。

私は、これらはまったく別物であると考えている。市民社会を規律する刑法（市民刑法）と跨国的な組織犯罪を規律する刑法（組織犯罪刑法）は、同じであるはずがなく、別のものでなければならない。もし別のものであるならば、組織犯罪刑法は、対象を跨国的な組織犯罪に限定すべきもので、市民社会に適用されてはならない。しかし、今回の政府案では、六一九の市民社会の行為が組織犯罪刑法の対象とされてしまう。

組織犯罪刑法は、本来、存在しないほうが良いに決まっているが、条約上仕方なく立法するにしても、その対象は、あくまでも限定的であり、市民社会における行為に及ぼしてはならない。

従来、組織犯罪は、市民法である国内法で規律されてきた。そこには、各国のさまざまな事情が色濃く反映されている。しかし、組織犯罪の跨国性が問題となり、世界で共通した対策を行おうとしたのが条約であろう。したがって、それを根拠に制定される組織犯罪刑法は、本来的に予定されている組織犯罪に限定されるべきであり、その刑法の効力が市民社会に影響を及ぼしてはならない。

条約では、条文上、共謀罪か参加罪の立法化が義務化されている。もしこのどちらかを立法するとした場合、何を共謀した場合か、どのような組織犯罪集団に参加した場合かを十分に検討しなければならない。この場合、共謀における「何」や組織犯罪集団における「どのような」は、市民刑法に影響を与えないものでなければならない。つまり、組織犯罪に限定された立法でなければならないということである。

そのような限定的な組織犯罪刑法が想定できないようであれば、そもそも、条約が無理を要求しているのであり、そのような条約に従う義務は存在しないことになる。

このような共謀罪の存在は、我々にとって、害であり、益ではない。条約の内容を離れ、ここまで共謀罪の制定にこだわることの背景を、私たちは、すでに見抜いている。
こんな悪法は、永久に葬り去らなければならない。

(8) 民主党修正案批判

二〇〇六年六月一日の細田自民党国会対策委員長(当時)の「民主党案丸呑み」提案のもととなった民主党案は、資料6(140頁)のとおりである。ここにも、大きな問題点が含まれているので、検討を加えておこう。

ア 跨国性の要件

跨国組織犯罪条約第三条二は、本質的に跨国的である犯罪の要件を定めている。そこで、「性質上跨国的である」とされるものは、つぎのものである。

・二以上の国において行われる場合
・一の国において行われるものであるが、その準備、計画、指示又は統制の実質的な部分が他の国において行われる場合
・一の国において行われるものであるが、二以上の国において犯罪活動を行う組織的な犯罪集団が関与する場合

・一の国において行われるものであるが、他の国に実質的な影響を及ぼす場合

民主党案では、一号と二号で定めている共謀の対象となる行為を、本文で、「性質上跨国的である」ものに限定した。その要件は、上記のとおりである。

行為の要件として、跨国性を要求することは、共謀の対象である行為も跨国的であることが要求される。順番に考察する。

・二以上の国において行われる行為の共謀

国を跨った犯罪の遂行の共謀である。

・他の国で行われる行為の共謀

自国で共謀は行うが、行為の実施は他の国である場合である。例えば、アメリカで行う窃盗を、日本で共謀する場合である。

・二以上の国で犯罪活動を行う集団による行為の共謀

跨国的な犯罪集団が行う一国での行為の共謀。香港の犯罪集団である蛇頭が、新宿でも活動していたとき、さらに、大阪での活動を共謀した場合である。

・他の国に実質的な影響を及ぼすおそれのある行為の共謀

「他の国に実質的な影響を及ぼす」という要件は、主観的要件であり、客観的に定める

ことは不可能である。したがって、その判断は、取締当局の手に委ねられるだろう。例えば、国際的に環境保護が叫ばれ、その一環としてのごみ処理工場建設反対運動の共謀は、これに当たるのではないだろうか。

このように考察すると、「跨国性」の要件は、それほどの縛りとはなっていないことが明らかになる。これは、行為の側面からのひとつの限定と理解すべきであろう。他の面からの限定がしっかりと規定されなければ、この行為からの限定は無意味になってしまう。

イ　組織的犯罪集団の要件

これらの「罪を実行することを主たる目的又は活動とする団体」と定義づけている。これでは、団体の定義としては拡大される。与党案に対する批判として述べてきたことがそのまま通用するであろう。

団体というのは、二人以上集まれば団体となり、そこでの主目的は、犯罪である場合は多々ある。談合を取り仕切る組織はまさにこれに当たる。この目的とは、団体のもつ当初の目的ではない。犯罪を行うことを決定するその団体は、主目的は、犯罪の実行と認定されるであろう。

ウ　処罰条件と構成要件（犯罪成立要件）

当初の民主党案では、「犯罪の予備を行うこと」が処罰条件とされ、「罪の遂行の共謀」が犯罪構成要件であった。これに対しては、与党案に対する批判がそのまま当てはまる。つまり、構成要件該当性が生じた段階で犯罪は成立し、捜査は可能となる。処罰条件は、裁判での有罪を獲得する手段に過ぎない。

しかし、聞くところによると、この処罰条件を成立要件に近づけるという。まだ、その案文を見ていないので、何もいえないが、もし構成要件化するならば、反対する理由はどこにもない。

正犯の拡張としての共謀と犯罪構成要件としての共謀は別である。それらを一緒にしてきたのが、不勉強な国会の議論であった。共謀共同正犯における共謀は、正犯の拡張であり、共同正犯としての実行が存在する場合である。それに対して、証明の対象としての「共謀」は、かつての概念を用いるならば、犯罪の実行行為に当たる部分である。つまり、客観が存在せず、主観のみで犯罪が成立し、その主観の証明が問われているのである。

民主党案では、組織的犯罪集団の定義が非常に弱いので、「跨国性」の要件を薄めてしまうことにより、処罰対象は、非常に拡大され、恣意的に処罰されるおそれがあるだろう。

4　テロ等謀議罪批判

(1)　はじめに

衆議院で三分の二以上の議席を持ち、どのような法案でも通過させられる議会において、国民世論の反対で法案を成立させられない政府のふがいなさに業を煮やしたのか、自民党法務部会は、二〇〇七年二月六日、単独で、共謀罪法案の検討に着手し、たった数回の議論で、二七日に「修正案要綱骨子（素案）」（資料7参照、141頁）を小委員会として了承した。

二月六日の読売新聞によれば、跨国組織犯罪条約は、「テロや暴力団などの組織犯罪の未然防止のため、条約は共謀罪創設を義務づけている」が、政府案では対象犯罪が広すぎ、「捜査当局による乱用の懸念」が指摘されてきた。そこで、従来の方針を転換し、「条約解釈にはとらわれず、組織犯罪の未然防止の目的で対象犯罪を選び出すこととした。」

その解説で、読売新聞の久保総一郎記者は、その「背景には、テロや暴力団など組織犯罪の撲滅を目指す法案本来の目的に立ち戻る」ものであると書いている。

この久保記者の記事の書き振りは、自民党筋からのリークを想像させるものとなっている。

そもそも共謀罪法案の提案理由は何であったのかを今一度想起しておかなければならない。それは、跨国組織犯罪条約の批准に伴う国内法整備の一環として提出されたものであり、その原案を審議した法制審議会刑事法部会において、法務省は、国内において立法事実は存在しないことを明言していた。

「法律の一人歩き」はよく指摘されることであるが、この共謀罪法案では、「法案の一人歩き」が始められた。

共謀罪法案の目的をテロや暴力団などの組織犯罪対策におくことは、審議を通じて自民党や法案賛成派が主張しだしたことであり、「法案本来の目的」には含まれていない。

そのことから明らかなように、久保記者の解説記事は、法案そのものを理解するのではなく、自民党的に理解した結果生まれてきたものである。

このように法案を勝手に理解し、国民を誤導することは、マスコミ人としては許されない行為である。マスコミは、客観的事実を正確に伝えることを任務としているのであり、事実の正確性を欠いた報道はマスコミの根幹を否定するものである。

（２）「修正案要綱骨子（素案）」の内容と批判的検討

二〇〇七年二月二七日に了承された「『条約刑法検討に関する小委員会』における検討結果（案）」によると、「修正案の概要」として、六点が指摘され、その内容は次のとおりである。

①「組織的な犯罪の共謀罪」という名称の修正

テロ等の重大な組織犯罪による甚大な被害の発生を防止するために、「謀議」の段階で処罰することを明確にするため、「テロ等謀議罪」の罪名に修正する。

②対象犯罪の限定

対象犯罪を、「現実にテロ組織等の組織的な犯罪集団が実行するおそれがあり、ひとたび実行されると重大な結果が生じてしまうため、その防止のために、実行前の謀議の段階で処罰することが真に必要であると考えられる犯罪」に限定する。具体的には、「テロ犯罪」「薬物犯罪」「銃器等犯罪」「密入国・人身取引等犯罪」「資金源犯罪など、暴力団等の犯罪組織によって職業的又は反復的に実行されるおそれの高い犯罪」に分類し、それぞれに該当する犯罪を別表で列挙する。

③「テロ等謀議罪」の対象となりうる団体の限定

結合関係の基礎としての共同の目的が「テロ等謀議罪」の対象犯罪等を実行することにある犯罪に限定する。

④「共謀」の意味の明確化

具体的な謀議がなければ共謀に当たらないことを明確化するため、「具体的な謀議を行い、これを共謀した者」と改める。

⑤「共謀」だけでは逮捕も勾留も処罰もされないものとすること

「実行に必要な準備その他の行為」を処罰条件とし、逮捕・勾留要件とする。

⑥運用上の留意事項を明記

思想・良心の自由等、憲法の保障する自由・権利の不当な制限の禁止を明確化する。

これらは、「修正案要綱骨子（素案）」としてまとめられている。以下においては、上記六点の修正提案を、「修正案要綱骨子（素案）」に基づき批判的に検討する。

まず、これら六点の修正提案のうち、目新しい提案は、②の「対象犯罪の限定」だけであり、それ以外については、すでに衆議院法務委員会での審議を通じて、自民党と公明党が協議した「修正案」として野党側に提示したものであり、無視してもかまわないものである。

そもそも、この「修正案要綱骨子（素案）」が修正の対象としたものは、多分、国会に提出された政府案であろうと推測される。したがって、この「修正案要綱骨子（素案）」は、すでに法務委員会での審議の中で加えられた修正をそのまま取り入れ、それをあたかも独自に修正を加えているかのような幻想を与える構造をとっているが、当時の修正案に加えられた批判はそのまま当てはまるのである。

①の罪名変更について。これは、④の「共謀」の意味の明確化にかかわる主張であるが、④の主張と一致していない。④では、「共謀」の前提としての「謀議」が存在しなければならないことをはっきりと示し、「目配せでは共謀に当たらない」ことを明確化しようとしているが、①では、「謀議の段階で処罰する」ことを理由として、「謀議罪」と変更すると主張している。「謀議」は「共謀」の前提であり、「謀議」のない「共謀」はあり得ない。これが④の主張である。「謀議」の段階での処罰を認めてしまうと、まだ「共謀」とは認定できないものまでもが処罰されることになり、犯罪の成立時期、すなわち処罰の段階が大幅に早まり、処罰範囲を大幅に拡大するものである。

罪名は、構成要件としての行為を示している。共謀罪での「行為」は、「犯罪の遂行の共謀」であり、「修正案要綱骨子（素案）」でも、「犯罪の遂行について具体的な謀議を行い、これを共謀した者」となっているので、「共謀罪」の名称しか存在せず、修正はあり得ない。

②の対象犯罪の限定について。これについては、「修正案要綱骨子（素案）」では、２（１）で、「テロリズム等組織的な犯罪」を括弧の中で定義し、「別表第三に掲げる罪に当たる行為で、組織的な犯罪集団の活動として、当該行為を実行するための組織により行われるもの」とした。

この別表による列挙方式を採用したことについて、「検討結果（案）」では、条約は国際的な組織犯罪を防止し、これと戦うための協力を促進することを目的としているので、「『テロ等謀議罪』の対象犯罪は、現実にテロ組織等に組織的な犯罪集団が実行するおそれがあり、ひとたび実行されると重大な結果が生じてしまうため、その防止のために、実行前の謀議の段階で処罰することが真に必要であると考えられる犯罪に限定する」と説明している。

ここでは、条約を根拠とするといいながら、条約とは無関係なことまで規定しようとしている。すなわち、目的と理由が齟齬をきたしている。条約はテロ犯罪を含めていないことは明白である。このことは、二〇〇〇年には国連で「包括的テロ防止条約」の審議が「跨国組織犯罪条約」の審議と並行して進められ、「跨国組織犯罪条約」成立後の、二〇〇二年の国連総会で、小泉首相は、「包括的テロ防止条約」の早期締結を訴えていることからも明白であり、また、「跨国組織犯罪条約」の立法ガイドにも、「この条約にはテロ活動を含めない」ことがはっきりと書かれている。

さらに、別表による列挙方式を提案した。これは、非常に重大な内容を含んでいる。衆議院法務委員会での審議で、条約の要請で、「四年以上の自由刑が規定されているものが重大犯罪である」との前提で、犯罪の個別的評価は条約では許されていないと外務省や法務省は答弁してきた。別表による列挙方式はこの主張を否定し、列挙方式でも条約に適合すると主張している。現に、この修正提案に対し、浅野勝人外務副大臣は、「法案が成立すれば、批准に向けて努力したい」と述べ、条約との適合性をつき、肯定的に評価した（朝日新聞二〇〇七年三月二日）。

このような「修正案要綱骨子（素案）」で条約が批准できるとすれば、従来の政府答弁は、根本的に再考されなければならない。これを根拠に、国内法体系と条約との関係を根本から議論しなおす必要があるだろう。

自民党法務部会の小委員会は条約についての議論を行っていない。そこで条約を勝手に理解し、テロリズムが主要な敵であると理解してしまった。小委員会は、今一度原点に立ち返り、条約と国内法との関係から議論すべきであろう。

③の団体の限定について。「修正案要綱骨子（素案）」は、団体の限定につき、「『団体』とは、結合関係の基礎としての共同の目的を有する多数人の継続的結合体であって、その目的又は意思を実現する行為の全部又は一部が組織により反復して行われるものをいう」とし、「組織的な犯罪集団」については、「団体のうち、その結合関係の基礎としての共同の目的が別表第一又は別表第三に掲げる罪を実行することにある団体をいう」としている。これらの限定の主張はすでになされたもので、当時に加えた批判はそのまま当てはまる。

④の共謀の意味の明確化についても、すでに提起されたものであり、評論に値しない。

⑤、⑥についても、同様である。

(3) むすび

この「修正案要綱骨子（素案）」が従来の見解に修正を加えたものは、次の二点に限定することができる。

まず、別表による列挙方式の採用についてである。これは、法務省あるいは外務省の、条約批准にとっては、条約が要請する「四年以上の罪」を対象犯罪にしなければならないとしてきた従来の主張を根源的に否定するものであり、条約との整合性が問題となる。この骨子のような主張が通るのであれば、それこそ、条約そのものの検討からはじめるべきであり、条約を前提としたという「政府案ありき」の発想は、もはや通用しないであろう。

二つ目は「テロ等謀議罪」の提案についてである。そこでは、対象犯罪を「テロリズム等組織的な犯罪」に限定したと主張しているが、それは、その主張が間違っており、逆に共謀罪法案が必要ないことを明らかにしてしまった。そもそも、条約はテロリズムを対象とはしていない。テロを対象とするという主張は、国内法論議の中で賛成派が勝手に主張しているものだ。小泉が、国連総会において、「包括的テロ防止条約」の必要性を訴えていることからも、明らかであろう。また、条約の立法ガイドラインの中にそのことは明白に書かれている。このような間違った根拠で作成された修正案は、一顧だに値しないものであることは明白である。

ここでは、「共謀罪」という名称を止めて、「謀議罪」を提案しているが、この提案は、言葉の本質を理解していない。罪名は行為であらわすものである。「謀議」は、犯罪の成立要件である「共謀の遂行」の中で行われるものであり、「謀議」を経過して「共謀」が成立するのである。したがって、「謀議罪」ではこの犯罪を示すことはできず、「共謀罪」

でなければならないのだ。

5　「共謀罪」改め「計画罪」

(1)「組織的犯罪準備罪」の登場

二〇一六年八月二六日に判明した「組織的犯罪計画罪」の立法理由は、「国際組織犯罪防止条約の国内法担保法案について」と題する文書によれば、次の二点が指摘されている（資料9参照、150頁）。

①国際社会と協調して組織犯罪と戦う必要性＝本条約は、国際的な組織犯罪を防止し、これと闘うための協力を促進するための国際的法的枠組みを創設するもの。

②組織犯罪対策のための必要性＝四年後にはオリンピック・パラリンピックが開催され、我が国がテロ組織を含む犯罪組織の標的とされる危険がかつてなく高まっている。近時サイバーテロなど、新たな手口を用いた組織犯罪が登場しており、我が国はその脅威にさらされている。

このような理由から立法が検討されているものは、「共謀罪」という罪名を用いず、「組織犯罪準備罪」とするといい、テロ対策の一環としての立法を明らかにするため、通称名を「テロ等組織犯罪準備罪」と名づけるという。

この主張の中には、大きな間違いが存在する。この条約は、組織犯罪対策として締結されたものであり、テロ対策は含まれていない。それは、別の条約の問題である。

日本政府は、条約には含まれていないテロ対策を前面に打ち出すことにより、「反テロ」という国民感情を利用し、共謀罪の導入を謀ろうとしているのである。

(2)「計画罪」の登場

共謀罪に対しては各界から強い批判が展開され、国会でも、三度の廃案の憂き目にあい、二〇〇六年以降、マネーロンダリングの監視機関であるＦＡＴＦ（金融活動作業部会）の勧告にもかかわらず、国会に提出されることはなかった。

すでに述べたように、共謀罪は、わが国刑法の基本原則に違反するものであり、思想・信条の処罰への道を切り開くものであるとともに、組織犯罪対策を名目とした組織犯罪刑法を新たに創設しようとするものであった。また、犯罪の対象とされている「団体」は無限定であり、市民運動や労働組合が処罰の対象とされる危険性があるとの批判があり、結局、政府・与党は、その成立をあきらめざるを得なかった経緯がある。

「共謀罪法案」の継続審議を決定した二〇〇六年六月一六日の衆議院本会議後に開催された法務委員会で、与党は、すでに述べたように、野党も参加した実務者協議会での協議を経た上で作成されたものとして、修正案（最終修正案）を提出し、「これを会議録の末尾に参考として添付したい」との提案を行い、賛成多数で、その旨が決定された。しかし、この最終修正案は、与党のみで作成されたものであり、実務者協議会の意見が反映されたものではない。

2016年8月の政府案・未定稿	2006年6月の最終修正案
（組織的犯罪集団に係る実行準備行為を伴う犯罪遂行の計画） 第六条の二　次の各号に掲げる罪に当たる行為で、組織的犯罪集団（その結合関係の基礎としての共同の目的が死刑若しくは無期若しくは長期四年以上の懲役若しくは禁錮の刑が定められている罪又は別表第一（第一号を除く。）に掲げる罪を実行することにある団体をいう。次項において同	（組織的な犯罪の共謀） 第六条の二　次の各号に掲げる罪（別表第三に掲げるものを除く。）に当たる行為で、組織的な犯罪集団の活動（組織的な犯罪集団（団体のうち、その結合関係の基礎としての共同の目的が死刑若しくは無期若しくは長期五年以上の懲役若しくは禁錮の刑が定められている罪（別表第※に掲げる罪を除く。）又は別表第一（第一号を除く。）に

じ。）の団体の活動として、当該行為を実行するための組織により行われるものの**遂行を二人以上で計画した者**は、その計画をした者のいずれかによりその計画に係る犯罪の実行のための資金又は物品の取得その他の当該犯罪の実行の準備行為が行われたときは、当該各号に定める刑に処する。ただし、実行に着手する前に自首した者は、その刑を減軽し、または免除する。

一　死刑又は無期若しくは長期十年を超える懲役又は禁錮の刑が定められている罪　五年以下の懲役又は禁錮

二　長期四年以上十年以下の懲役又は禁錮の刑が定められている罪　二年以下の懲役又は禁錮

2　前項各号に掲げる罪に当たる行為で、組織的犯罪集団に不正権益を得させ、又は組織的犯罪集団の不正権益を維持し、若しくは拡大する目的で行われるものの遂行を二人以上で計画した者も、その計画をした者のいずれかによりその計画に係る犯罪の実行のための資金又は物品の取得その他

掲げる罪を実行することにある団体をいう。）の意思決定に基づく行為であって、その効果又はこれによる利益が当該組織的な犯罪集団に帰属するものをいう。）として、当該行為を実行するための組織により行われるものの**遂行について、具体的な謀議を行いこれを共謀した者**は、その共謀をしたもののいずれかによりその共謀に係る犯罪の実行に必要な準備その他の行為が行われた場合において、当該各号に定める刑に処する。ただし、情状により、その刑を免除することができる。

2　前項各号に掲げる罪（別表第※に掲げるものを除く。）に当たる行為で、第三条第二項に規定する目的で行われるものの遂行を共謀した者も、前項と同様とする。

3　前二項の罪については、第一項本文に規定するその共謀に係る犯罪の実行に必要な準備その他の行為が行われたことを疑うに足りる相当な理由があるときは限り、刑事訴訟法（昭和二三年法律第一三一号）の規定により逮捕し、又は勾留する

の当該犯罪の実行の準備行為が行われたときは、同項と同様とする。

ことができる。
4　第一項及び第二項の規定の適用に当たっては、思想および良心の自由並びに結社の自由その他日本国憲法の保障する国民の自由と権利を不当に制限するようなことがあってはならず、かつ、労働組合その他の団体の正当な活動を制限するようなことがあってはならない。

今政府が用意している「計画罪」は、その条文の構造を見れば、この最終修正案を土台としたことは明白である。

そこで、両法案を表にまとめてみた（83頁以下参照）。この比較から明らかなように、今回の政府案・未定稿（新共謀罪法案）は、二〇〇六年六月の与野党協議に与党が提出した最終修正案をもととしていることは明白である。最初の傍線を付した組織的犯罪集団の定義と二つ目の傍線を付けた処罰条件を見れば、ほぼ同じ文言で書かれていることからも、一目瞭然であろう。

また、処罰の対象となる構成要件についても、最終修正案は「遂行について、具体的な謀議を行いこれを共謀した者」としているが、政府案・未定稿では、「遂行を二人以上で計画した者」とし、「共謀」を「計画」に変えただけのものである。

この条文が要件を厳しくしたものとは、絶対に評価することはできない。

(3)「計画罪」の概要

・政府案（未定稿）の「組織犯罪準備罪の新設」

政府案（未定稿）の説明では、その構成要件として、次の四点が強調されている。

ア　重大な犯罪の実行を目的とする組織的犯罪集団の活動として

イ　組織により重大な犯罪を実行することを

ウ　2人以上で計画し

エ　計画した犯罪の準備行為が行われること

端的に言えば、犯罪行為は、「組織的犯罪集団の団体の活動として、当該行為を実行するための組織により行われるものの遂行を二人以上で計画した」ことである。すなわち、直接的な犯罪行為は遂行の計画である。したがって、犯罪は計画したことにより成立し、警察は、捜査に着手できる。しかし、起訴したとしても、エの処罰条件を満たさない限り、有罪とはならない。処罰条件である「その計画に係る犯罪の実行のための資金又は物品の取得その他の当該犯罪の実行の準備行為が行われたとき」に判決を言い渡すことができるのである。これは、前述したように、共謀処罰を認めたコンスピラシーの法理におけるオーバートアクトの明文化である。

（4）共謀罪に対する批判への対応

政府案（未定稿）は、かつての共謀罪法案に対する批判に対しては、次の二点で対応ができているという。そこで、その二点とそれに対する批判を検討することとする。

①「計画行為の処罰であり、思想の処罰ではない。準備行為が処罰条件とされているので、思想処罰ではない。」との対応について

両法案を比較した表から明らかなように、最終修正案の「共謀」を「計画」に変えただけであり、内容的には、ほとんど変化がない。

「計画」とは、何かの物事を行うために、あらかじめ、その方法、手順などを考えることであり、ブリタニカ国際百科事典によれば、「計画」とは、将来実現しようとする目標と、この目標に到達するための主要な手段や段階とを組み合わせたものであるという。

また、同義語としては「謀る」があるので、謀議との意味の違いを考えなければならな

い。「謀議」とは、犯罪の計画や手段を図ることだとすれば、計画と共謀は、その意味内容がほとんど一緒である。その違いは、人々が受ける感覚の問題ではないか。計画と言われれば、それなりの具体性が要求されるのではないかという幻想があるかもしれない。共謀は、企みを共にすればよいと考えたときに、計画の方が具体的であると思われるかもしれない。しかし、現実的には、その両者に具体的相違は見られないであろう。

さらに、計画は一人でもできるが、共謀は二人以上の者が必要である。したがって、計画を要件とした場合、一人の者が計画したことを次から次へと同意を求めるという順次計画が可能となり、成立範囲がはるかに広がってしまう。

また、計画も思想の一部である。計画した段階では、何の社会的損害も惹起していない。これは、計画に参加した人それぞれの思想の問題である。

したがって、共謀を計画に変えたとしても、思想段階で処罰しようとする発想そのものに変化はない。

②「重大な犯罪の実行が目的の組織的犯罪集団が処罰対象なので、市民団体等は処罰対象とはならない」との対応について

これは、その本質を理解していないまやかしの主張である。「重大な犯罪」とは、死刑又は無期若しくは長期四年以上の懲役若しくは禁錮にあたる罪」であり、無限定である。これに該当する犯罪は非常に多く、二〇〇六年当時の法務省の説明でも、その数は六一九あり、現在では六七六あるという（資料10参照、157頁）。この対象犯罪は、従来の共謀罪法案と全く変わらず、以前の指摘はそのまま妥当するであろう。したがって、「重大な犯罪の実行を目的とする組織的犯罪集団」は、暴力団や詐欺集団のような団体に限定されるものではなく、「長期四年以上の懲役または禁錮にあたる罪」という重大犯罪の実行を目的とする集団であれば、すべて該当することになる。

条文では、「結合関係の基礎としての共同の目的」を組織的犯罪集団に要求している。しかし、この要件は、組織的犯罪集団の団体性に関するものではなく、団体にこの要件を要求しているに過ぎない。したがって、この「共同の目的」で団体を限定できるものではない。

たとえば、ラーメン店の店主が店の傾いたことを理由に、妻と共同し、偽ブランドの販売を計画したとしよう。この場合、「偽ブランド販売を行う」という目的は、夫と妻の間での犯罪団体結成の基礎となるものであり、「結合関係の基礎としての共同の目的」が偽ブランドの販売の実行であるので、店主と妻は、この要件に該当することになる。

このような事例は数え切れないほど存在する。最終修正案批判で述べたことは、そのまま当てはまる。

③「計画は、具体的・現実的な計画でなければならない」という対応について

これは、構成要件に含まれるものではなく、自己都合な勝手な解釈である。構成要件上、計画の程度については触れられていない。抽象的な意味において、計画に該当すればよいのであり、それに尽きている。

したがって、「何事かを謀る」という「謀議」との違いは、どこにもないであろう。

もし主張のように、計画は具体的であり、現実的でなければならないとするのであれば、そのことを構成要件に明記すれば足りるのであり、それがない限り、言葉は言葉の中で解釈しなければならない。

④「計画に加えて、計画した犯罪の準備行為が行われることが必要」との対応について

いつ必要なのかの問題である。犯罪実行の時に必要なのか、処罰のために必要なのかの

問題である。

この要件は、この条文では、処罰要件にすぎず、犯罪構成要件ではない。したがって、この要件がなくても犯罪は成立するのである。犯罪が成立したならば、警察は、捜査を開始することができる。捜査の開始は、警察の主観的嫌疑で足りるのであるから、計画についての客観性は要求されていない。そこで行われる捜査により、二三日間の身柄拘束や家宅捜索がなされた場合には、計り知れない社会的ダメージをこうむるであろう。その社会的ダメージは、一度なされたら、回復不能のものであり、それに伴うマイナス＝人権侵害は非常に大きいものであろう。

(5)「計画罪」と盗聴法の改悪・司法取引の導入

二〇一六年、「刑訴法等の改悪法案」が参議院と衆議院を通過し、成立した。そこには、盗聴法の改悪も含まれている。二〇一五年には戦争法が成立し、自衛隊の海外派兵が果てしなくできるようになった。しかし、日本の人民を戦争に巻き込むためには、世論操作が必要であり、反戦的世論はあらかじめ弾圧しなければならない。

誰と誰がどのような話をしているのかを調査する盗聴は、それに対する有効な武器となるであろう。そこで、警察にとってやりやすい形での盗聴が必要になり、法改正を提起したのである。

多くの人達の反対にあい、容易には成立できなかったが、最終盤での様々な政治的妥協もあって、警察に有利な方向での改悪が実現してしまった。もしこの政治的妥協がなければ、「刑訴法等の改悪法案」は参議院選挙により廃案となったのである。このような盗聴法改悪は、共謀罪法案の先取りとの位置付けが可能であろう。

拡大された盗聴対象犯罪は、ほとんどがここに規定されている「長期四年以上の懲役または禁錮にあたる罪」であり、計画罪の対象である「遂行の計画」をつかむためには、当然のように盗聴が行われるであろう。

また、盗聴は、有線通話に限定されるものであり、無線通話は対象ではない。無線通話の傍受は、法的限定がないので、今後とも無制限に行われるものと思われる。

さらに必要なのは、室内盗聴である。室内に侵入し、そこに盗聴器を設置し、そこでなされた会話を盗み聞くものである。そうすれば、計画の一部始終が明らかとなり、立件への道筋が開かれるであろう。

この室内盗聴の導入は、その第一歩は踏み出されている。「時代に即した新たな刑事司法制度のための法制審議会」の最終答申は、今後の課題として、「会話傍受については、共謀状況や犯意に関する証拠を収集する上で必要であり、理論的にも制度的にも可能であるとの意見があった一方で、通信傍受以上に個人のプライバシーを侵害する危険性が大きく、場面を限ったとしてもなお捜査手法として認めるべきではないとして制度自体に反対する意見があったところである」と述べている。

すでに審議会では審議が行われ、室内盗聴を導入する道筋は開かれたのである。どのような場面で導入するかは、警察の腹積もり一つであろう。

私たちは、このようなプライバシーを侵害する捜査手法には、断固として反対し続けなければならない。

さらには、この改悪で司法取引も導入された。司法取引は警察でも行われることになる。その場合、共謀罪に違反したかどで逮捕・勾留され、取調べを受ける際に、警察から「司法取引」の誘いがあるかもしれない。組織に属するものが組織全体をしゃべり、あるいは指導層のことを供述することが司法取引の対象とされるであろう。

これにより、組織そのものが取締りという攻撃の対象となってくるであろう。

(6) テロ等準備罪と共謀罪

二〇一六年一二月の日付で法務省から報道機関説明用として、「検討中の『テロ等準備罪について』」というA4七枚の資料が配布された(資料8参照、143頁)。

これによると、「テロ等準備罪」の説明は、基本的に「検討中の『組織犯罪準備罪』についての説明と変わるところがない。

二〇〇六年の「丸呑み事件」以来一〇年を経過した今、対象犯罪は、六一九から六七六に増加している。また、資料10(157頁)のような「テロ等準備罪の対象となる『重大な犯罪』についてという文書が存在する。そこでは、長期四年以上の刑の罪を「重大な犯罪」とし、その内訳は、次のとおりである。

・テロに関する罪(167)=殺人、放火、化学兵器使用による毒性物質等の発散、テロ資金の提供など
・薬物に関する罪(49)=覚醒剤の製造・密輸など
・人身に関する罪(43)=人身売買、営利目的等略取・誘拐など
・組織的犯罪集団の資金源に関する罪(339)=強盗、詐欺、犯罪収益等隠匿など
・司法の妨害に関する罪(27)=偽証、組織的な犯罪における犯人蔵匿など

・その他（10）

この数が明らかになった以降、「対象犯罪数が多すぎる。もっと少なくしなければならない」という主張が、主として公明党筋から主張されている。かつての民主党案も数の減少を主張していた。

共謀罪をめぐる問題は、すでに述べた「市民刑法」と「組織犯罪刑法」の問題であり、「市民刑法」にかかわる形での共謀罪は絶対に認められないことを念頭に置かなければならない。

したがって、共謀罪の問題を対象犯罪数の問題に置き換えてはならない。共謀罪の問題は実質的な刑法改正を許し、侵害性原則を放棄するのかどうかの問題であり、対象犯罪の数の問題と歪曲してはならない。

今一度強調しよう。「共謀罪の問題は、量の問題ではなく、質の問題である」ことを！

また、朝日新聞が二〇一七年一月二〇日に報道したところによれば、跨国組織犯罪条約批准に伴い共謀罪を導入したのは、たったの二ヶ国、ノルウェーとブルガリアだけであるという。これが明らかになった今、もはや共謀罪の導入が条約批准の条件ではないことが明らかになった。

その一方で、政府・法務省は、共謀罪を「テロ等準備罪」とし、テロ対策法と位置づけている。そのテロ対策法としての内容は不明であるが、昨年八月に明らかになった条文と大差ないと思われる。しかし、特定秘密保護法には、テロリズムの定義が存在する（一二条二項）。それによれば、テロ行為とは、「人を殺傷し、又は重要な施設その他の物を破壊するための活動」である。ここでの「テロ活動」の定義がどのような形で「テロ等準備罪」に生かされているかはわからないが、少なくとも、この定義によらない限り、「テロ等準備罪」の説明はできないであろう。

(7) テロ等準備罪の新設

二〇一六年八月の「テロ等組織犯罪準備罪」と一二月の「テロ等準備罪」の要件を比較したものが、次の表である。

	テロ等組織犯罪準備罪16年8月	テロ等準備罪16年12月
犯罪主体の限定	重大な犯罪の実行を目的とする組織的犯罪集団の	「重大な犯罪」等の実行を目的とする「組織的犯罪集団」の
	団体の活動として	団体の活動として
	組織により	当該行為（「重大な犯罪」）を実行するための組織によるもの
	重大な犯罪を実行すること	—
	具体的・現実的な合意をすること	具体的・現実的な合意（計画）の存在
	合意に加えて、当該犯罪の実行の準備行為が行われること	合意のみならず、当該犯罪（「重大な犯罪」）の実行の「準備行為」が行われること

ここから明らかになることは、両者に違いがないことである。つまり、政府・法務省は、「テロ等準備罪」は犯罪構成要件を厳格にしたので、恣意的な取り締まりにはつながらないと主張するが、その根幹にある条文は、表からも、八月の政府案（未定稿）そのものであることは明らかである。

金田法務大臣は、衆議院予算委員会で民進党議員の厳しい追及に対し、「法案は現在検討中であるので、詳細は答えられない」という。

その一方で、昨年一二月以降報道機関には「テロ等準備罪」の説明資料を配布し、報道させている。また、民進党に対しては、外務省とともに、一月一六日と一八日にヒアリングを行っている。そこでも、同様な資料が配布された。

このような概要が作成されるということは、すでに条文は出来上がっているものと推測される。その条文は、「テロ等組織犯罪準備罪」と「テロ等準備罪」の要件が変わらないことから、八月の「テロ等組織犯罪準備罪」の中に入れられている「今回の法案（審査中）」がそれに該当するであろう。

それは、次のような規定である。

（組織的犯罪集団に係る実行準備行為を伴う犯罪遂行の計画）

第六条の二　次の各号に掲げる罪に当たる行為で、組織的犯罪集団（その結合関係の基礎としての共同の目的が死刑若しくは無期若しくは長期四年以上の懲役若しくは禁錮の刑が定められている罪又は別表第一（第一号を除く。）に掲げる罪を実行することにある団体をいう。次項において同じ。）の団体の活動として、当該行為を実行するための組織により行われるものの遂行を二人以上で計画した者は、その計画をした者のいずれかによりその計画に係る犯罪の実行のための資金又は物品の取得その他の当該犯罪の実行の準備行為が行われたときは、当該各号に定める刑に処する。ただし、実行に着手する前に自首した者は、その刑を減軽し、または免除する。

ここには、「テロ」という言葉はどこにも出てこない。また、犯罪の成否を左右する構成要件は、「遂行を二人以上で計画した者」であり、「準備行為」は構成要件ではなく、処罰条件にすぎない。この処罰条件に該当しなければ、処罰されることはないけれども、構成要件を満たしている限り犯罪は成立しているので、警察は捜査を開始することができ、家宅捜査、逮捕・勾留も可能となる。

安倍首相は、答弁の中で「準備行為がなければ、処罰されることはない」と述べた。それはそれとして正しいと思われるが、政府案（未定稿）にあるように準備行為を客観的処罰条件と位置付けた場合、処罰はされないけれども、「具体的・現実的な合意（計画）の存在」により犯罪は成立し、捜査は開始され、被疑者として逮捕・勾留もされることになる。ただし、準備行為が処罰条件とされているので、起訴したとしても、処罰条件を満たさない限り、有罪とはならない。

その資料の中で、法務省は、従来の批判に対する反論を掲載しているので、それを検討しなければならない。

法務省は、二つの点において従来の批判をまとめ、それへの対応を明らかにしている。

①「一般の民間団体や労働組合が処罰の対象となるのではないか」との批判に対し、「新たな法案では、対象団体が組織的犯罪集団（共同の目的が重大な犯罪を実行することにある団体）に限定されることを、条文上に明示する」としている。

果たしてそうであろうか。

構成要件は、共同目的を有する団体が結成され、その団体の活動として組織により行われるものの遂行を計画することである。

団体とは二人以上の者の集まりであり、その共同目的が六七六に達する四年以上の懲役を定められている犯罪の実行であるので、二人の結合関係が「万引きをすること」「トイレに落書きをすること」「いじめの一環として暴行を加え、結果として傷害させること」などの実行にあればよいのであり、法務省の言うような「テロ組織、暴力団、麻薬密売組織、振り込め詐欺集団」に限定されるものではないことは明白である。

②「内心や思想を理由に処罰されてしまうのではないか」との批判に対しては、「新たな法案では、計画（合意）に加えて、犯罪実行準備行為が行われることを処罰の要件とする」という。

政府案（未定稿）によれば、準備行為は構成要件要素ではなく、処罰条件にすぎない。法案を明らかにせず、一方的にこのような説明をすることは、市民に誤解を与え、テロに対しては必要だという世論を形成しようとしている。「計画（合意）」で捜査は開始される。たとえ「準備行為」が存在せず、起訴されないとしても、二三日間の身柄拘束に伴うマイナス、強制捜査による社会的評価の失墜などは、当事者にとって非常に大きく、回復不能な人権侵害である。

政府・法務省は、「テロ等組織犯罪準備罪」「テロ等準備罪」の制定だといい、テロ対策を強調し、二〇二〇年の東京オリンピック・パラリンピックの開催のためには、この法案をまとめなければならないという。

法務省の調べによると、テロ関連犯罪は一六七個存在するという。そこで挙げられているのは、「現住建造物等放火、殺人、航空機の危険を生じさせる行為、化学兵器使用による毒性物質等の発散、テロ資金の提供」である。

果たして、これらの行為をテロといえるのであろうか。法務省はテロ関連犯罪といい、テロに限定してはいない。「テロ等準備罪」には、「テロ」に限定されず、「テロ関連犯罪」も含める意図であろう。

特定秘密保護法一二条二項によれば、テロ行為とは、「人を殺傷し、又は重要な施設その他の物を破壊するための活動」である。それは、法務省の言う「テロに関する罪」とはその内容を異にしている。

テロ行為のためには、さらに、「政治上の主義」、「国家に強要し、社会に不安を与える目的」が存在しなければならない。

したがって、テロ行為は、これら二つの要件を満たしたうえでの、「人を殺傷し、又は重要な施設その他の物を破壊するための活動」である。

テロ行為の実行行為者は、主義と目的を持ち、故意として殺傷又は物の破壊を認識した、その「ための活動」をした者である。

ここでのテロ活動には、主観的要件としての主義、目的、故意が存在しなければならない。単なる殺人や傷害は、ここでのテロ活動ではない。また、ハイジャックもテロではない。主義と目的を持ち、人の殺傷を認識し又は飛行機の破壊を認識した場合がテロ活動となる。

「ための活動」であるから、その範囲は広くなるが、一般的な意味でのテロではないことに注意する必要がある。

世界的な、一般的な常識の範囲では、ある地域で行われた無差別的な暴力行為についてては、すぐにテロと決めつけてしまう傾向にある。しかし、テロ活動についての定義がある現状では、この定義に当てはまるかどうかが大切なのであって、世論をやたらに誘導することが良いものではない。

では、「ための活動」は現行法で抑えられないのであろうか。まずそれを検討することが政府・法務省の進むべき道であろう。

(8)「計画罪」の登場した背景

法務省筋は、八月に明らかになった政府案（未定稿）の存在を認めていないが、検討していることは認めている。そこでの検討していたものが、事務次官の手により、官邸に持ち込まれ、官邸主導で朝日新聞の記者にリークされたのではないだろうか。それは、社会の反応を見ていると思われる。そのうえで出されたのが、一二月の「検討中の『テロ等準備罪』について」である。この一二月資料は、八月資料を基にしていることが明らかなので、この八月資料に基づき、政府のウソを徹底的に追求しなければならない。それは、「『テロ等組織犯罪準備罪』に騙されるな！」と声を大にして主張することである。

政府は、「テロ等組織犯罪準備罪」と命名し、テロ対策の一環だと主張しているが、法案が、テロ対策ではないことが明らかである。

また、この条文は、二〇〇六年六月の与野党協議による最終修正案をもととしていることは明らかである（資料5参照、138頁）。

犯罪構成要件は、「当該行為を実行するための組織により行われるものの遂行を二人以上で計画した者」とされているので、それは、「計画罪」であって、「準備罪」ではない。「準備行為が行われたとき」という要件は、処罰条件であり、犯罪構成要件ではない。

また、主体は、政府の説明とは異なり、重大犯罪に限定されていない。

組織的犯罪集団とは、その結合関係の基礎としての共同の目的が死刑若しくは無期若しくは長期四年以上の懲役若しくは禁錮の刑が定められている罪又は別表第一（第一号を除く。）に掲げる罪を実行することにある団体とされているが、「死刑若しくは無期若しくは長期四年以上の懲役若しくは禁錮の刑が定められている罪」は重大犯罪に限定されるものではなく、二〇〇五年当時の法務省説明によれば、六一九の犯罪が該当していたが、現在では、重罰化が進み、その数は六七六に及んでいる。

(9) 予算委員会での審議

①立法根拠について

安倍首相は、この「テロ等準備罪」の立法根拠を東京オリンピック・パラリンピックの安全な開催と跨国組織犯罪条約の批准にあることを本会議や予算委員会で明言している。それは、東京オリンピック・パラリンピックの安全な開催というテロ対策を口実とした共謀罪法案の推進であることは明白である。

すでに国連では、テロ関連一三条約が一九六三年から二〇〇五年にかけて締結され、日本は、すべての条約を批准している。この跨国組織犯罪条約は、テロ対策のためのものではない。それにもかかわらず、テロ対策に必要だというのは、市民に間違った情報、すなわちオリンピック・パラリンピックを開催不能にする敵となるとの情報を与え、恐怖心を煽るものに他ならない。

では、跨国組織犯罪条約批准のためのものなのであろうか。歴代政府の答弁は、「長期四年以上の懲役または禁錮にあたる罪を対象とした共謀罪の創設」が条約上必要であると言い続けてきた。ところが今回の法案では、これに該当する六七六の罪についてではなく、より限定的な、数を絞った形での合意罪で対応するとしている。

条約の要請に応えずして条約批准ができるのであろうか。かつての政府は、「できない」と明言していた。この答弁のずれをどのように解決するかが課題となっている。

②法務大臣による審議拒否通告

予算委員会は、金田法務大臣の低レヴェルの答弁によりしばしば中断されていたが、ついに法務大臣は奇手を用いた。つまり、法務省の幹部を使った予算委員会での審議拒否の通告である（資料11参照、162頁）。これは、二月六日に作成されたものであるが、翌七日、金田法務大臣は、予算委員会で撤回した。

それによれば、「テロ等準備罪」は提出を検討している閣法であること、法案は現在検討中であり、与党協議も終了していないこと、関係省庁との調整中であることに配慮すべきである。さらに、「成案を得た後に、専門的知識を有し、法案作成の責任者である政府参考人（刑事局長）も加わって充実した議論を行うことが、審議の実を高め、国民の利益に叶う」と決めつけ、最後に、「法案について成案を得て国会に提出したのち、所管の法務委員会において、しっかりと議論を重ねていくべきものと考える」と述べている。

これは、自らの答弁能力の低さを露呈させたものであり、そのような人物が大臣の地位に相当しない人物であることは明白である。それにもかかわらず、首相は大臣を更迭しようとはしない。これは、首相自らの任命責任にかかわってくるからであろう。

法案をめぐるこのような状況は常に存在している。これについて、審議すら認めないことは、政府の国会軽視そのものであり、議員の審議権を否定するものである。

③条約の要請は共謀罪か合意罪か

このような状況の中でも、審議は続けられている。

外務省は、条約の要請は合意の処罰であり、共謀の処罰ではない。また英米法系では、合意罪で処罰していると従来とは異なった答弁を行っている。ここには、安倍内閣として、どうしても「共謀」の二文字を使いたくない理由が存在するのであろう。

共謀罪の故郷である、一九七七年のイギリス刑法を見ると、第一条が「共謀の罪」であり、その構成要件として「合意した場合」とされているのである。全体としては、「共謀の罪で有罪となる」と規定している。ここでいう共謀とはConspiracyであり、合意はAgreementである。したがって、この条文を根拠に、英米法系では合意が処罰対象だといいきるのは無理である。

これには、かつての、二〇〇六年のトラウマがなせる業なのであろうか。しかし、市民をだましてはいけない。テロ対策といい、合意といい、すべて自己に都合の良い言葉を並び立てればよいというものではない。

④準備行為は構成要件なのか、処罰条件なのか

民進党の山尾志桜里議員は、（今年）一月二六日に開催された衆議院予算委員会で首相と法務大臣にしつこく質問し、議論していることがある。それは、次の事例についてである。

テロ組織が複数の飛行機を乗っ取って高層ビルに突撃させるテロを計画したうえ、例えば、搭乗予定の航空機の航空券を予約した場合

一〇人で、このようなテロを計画し、そのうちの一人が航空券の予約をした場合、残りの九人は処罰されるのかという質問をしたところ、それについての金田大臣の答弁は、「予備罪の当たらない場合がある」であった。

この答弁には、過去の事例に比して、大きな違いが存在する。つまり、従来の答弁は、予約する行為は予備にあたるということであった。その矛盾には何一つ答えられなかった。

次の「準備行為は構成要件なのか、処罰条件なのか」について、安倍首相は、「いわば

共謀罪のときにはここで要件が整えば検挙できるということになるわけでありますが、今回は、まさにここから、準備しなければ、準備ということが認定されなければ検挙に入れない」と述べ、合意がなければ逮捕ができないことを明らかにした。また、首相と法務大臣との見解の相違を突かれ、統一見解を求められた法務大臣は、「私としては、逮捕できないということで統一見解を出したいと思います」と答えた。

これは、政府案（未定稿）の立場とは異なるものであり、「準備行為」は構成要件であり、処罰条件ではないといったに等しいものである。しかし、その言葉の意味を理解して述べたかどうかが不明であり、その後の答弁では、その点をあいまいにしている。この傾向は、安倍首相にもみられている。

この点について、二月八日の予算委員会では、林眞琴法務省刑事局長が補足的な答弁を行った。「現在、テロ等準備罪、検討中でございますが、今後このようなことを、テロ等準備罪につきまして、航空券の購入がこの実行準備行為に当たるというような形で立案するとすれば、その場合、テロ行為計画に加えて、航空券を購入した段階で処罰が可能となります。

そのため、そのような場合には、捜査機関はそういった事例でちゅうちょなく逮捕することができることになり、テロの未然防止に資することになると考えます。

他方で、テロ計画、例えば、すなわち、合意はあるけれども、まだ実行準備行為が行われていない、こういった段階では逮捕することはできないものとして今後立案することを検討しております。」

この答弁は、前述した金田法務大臣の統一見解に沿うものであり、立案当局は、準備行為を構成要件化する意思があることを示したものと受け止められる。

しかし、完成した条文を見ない限り、当局の言葉は信用できるものではない。このことについては、今後とも十分に監視する必要があるであろう。

構成要件として合意と準備行為を必要とするという、この答弁により、イギリス刑法の共謀罪と同じようなものを想定できるようになった。やっと、これが共謀罪なのだ。つまり、法務省は、共謀罪そのものの立法を考えていることを明らかにしたのである。

⑤準備行為と治安維持法

戦前の軍国主義社会を特徴づけていた、悪名高き治安維持法（資料14参照、168頁）では、目的遂行のためにする行為が処罰され、その目的の一つとして「結社の組織を準備すること」も加えられていた。したがって、組織を準備するという目的を遂行するための行為が処罰対象となり、その具体的な行為については何らの定めがなく、捜査機関が「目的遂行」だと判断すれば、いつでも処罰される仕組みとなっていた。

このような治安維持法の規定と今回のテロ等準備罪の異同について考えてみよう。

治安維持法では、「結社の目的遂行の為にする行為」が処罰されていた。そこでの「目的」とは、国体の変革を目的として組織された結社の目的（一条）、その結社を支援する目的で組織された結社の目的（二条）、結社の組織を準備する目的で組織された結社（三条）、私有財産制度を否認する目的で組織された結社（一〇条）の持つ目的であり、それぞれの目的遂行のためにする行為が処罰対象である。特に、三条では、国体を変革することを目的とした結社の組織を準備することを目的とした結社を組織することが処罰対象であり、さらに、その準備するという目的を遂行するための行為も処罰されている。また、四条では、その目的での集団の結成が犯罪とされ、集団についての目的遂行罪も定められている。五条では、目的の実行についての協議・煽動、目的の宣伝、その他の目的遂行行為が犯罪とされた。

ここでは、国体の変革に含まれるあらゆる目的が対象となり、その目的遂行罪が処罰の対象とされている。これは、取締機関である警察に強大な権限を与えるとともに、市民を恣意的に取締り、処罰することを可能とするものであった。

これに対して、テロ等準備罪は、跨国組織犯罪条約の批准のために、法律で四年以上の自由刑を定めている犯罪に共謀罪を定める一環で用意されたものであり、その処罰範囲はとめどなく広がってしまう。また、合意があったか否かは、客観的証拠が存在するものではなく、組織にスパイを潜りこませ、そこから得た証言を頼りにしなければならない。

このように見てくると、それらの存在意義は異なっているが、それが社会に与え、市民に与える影響は計り知れないものがある。それらは共通して、市民を委縮させ、警察監視社会を作り出すものである。

第二部

跨国組織犯罪防止条約と共謀罪

1　跨国組織犯罪防止条約と共謀罪

（1）跨国組織犯罪条約と日本政府

かつて国会に提案され、大きな社会問題となった「共謀罪法案」の根拠は、「国連跨国組織犯罪防止条約」（資料12参照、163頁）の批准である。この条約では、世界における法体系のあり方、すなわち大陸法系と英米法系の相違あるいはイスラム法体系を考慮し、それぞれの法体系に即した規定のあり方を提案している。条約においても、その五条では、「犯罪団体への参加罪」あるいは「共謀罪」の設置が要請されている。日本政府は、その規定を自分勝手に理解し、それを導入し、日本法体系とはまったく無縁な共謀罪の導入を柱とした組織的犯罪処罰法の改正案を提案した。そもそも、条約の趣旨は、国を跨って活動する組織犯罪については、一国での処罰・対策には限界があり、共同して対処する必要があることから生まれたものであり、国内の組織犯罪とは異なるものである。この改正法案は、このような事情はまったく考慮せずに、条約上の形式的義務をそのまま国内法化しようとした典型的事例である。

「国連跨国組織犯罪条約」についての「立法ガイド」（資料13参照、165頁）は、二〇〇四年に出版された。それは、条約を批准したり、その際に必要となる新たな立法を援助したりするために作成されたものである。その作成のために集まったのは、専門家、学会代表及び政府機関代表であり、条約部分の解釈については、二〇〇二年四月八日から一〇日、二〇〇三年二月に二日から二三日にかけて、会合が持たれた。

その会議に参加していた日本からの代表（肩書きは当時のもの）は、専門家として警察庁生活安全局銃器課佐藤隆司、法務省刑事局国際課浦田啓一である。各国の参加者は、専門家といえども政府機関の代表者であり、NGOの代表者は含まれていない。その意味では、国連の意図したことを反映したものといえるだろう（日本からの二人については、英文の故、日本語で検索した結果、上記の人であると思われる。中国語の正文でも、氏名の部分は英語表記）。

この日本語への翻訳は共謀罪法案の審議の過程で必要となり、外務省が、法務省と共に仮訳したものと思われるものが存在する。しかし、この仮訳が絶対的に正しい解釈だとは思わないほうが良いだろう。解釈の正しさを求める人は、英語、フランス語、中国語等の国連の正文に直接当たることが奨励されている。

二〇〇〇年に締結された国連跨国組織犯罪条約を批准するための国内法整備の一環とし

て提案されたものが、共謀罪である。当初、法務省は、「国内には、共謀罪を必要とする立法事実は存在しない」と説明していた。それにもかかわらず、その後の審議では、暴力団のような組織犯罪に対する対策として必要であるとの主張が、いわゆる「有識者」によってなされるようになった。

政府から提案された原案における共謀罪の要件は、次の三点である（資料1参照、134頁）。

①法定刑の長期が四年以上の懲役又は禁錮に当たる罪の遂行を共謀すること。
②その遂行は、団体の活動として行われること。
③その遂行は、それを実行するための組織により行われること。

このような共謀罪に対しては、「そこでいう団体が組織犯罪に限定されず、市民運動や労働運動などすべての団体が含まれてしまい、犯罪の基本は法益・権利を侵害することであるにもかかわらず、共謀は二人以上の者の意思の合致で処罰され、内心の自由に反している」との批判が出されていた。

しかし、衆議院法務委員会での審議を通じて、自民党と公明党の与党は、政府原案の修正を提案し、それでの解決を図ろうとしていた。

（2）共謀罪法案の本質

一　法案は、当時のオウム真理教団や住専などの取締りを理由に一九九九年に成立した「組織的犯罪処罰法」を改正し、上記の要件で共謀罪を新設し、共謀だけでの処罰を認めようとしている。衆議院法務委員会における法務省の答弁では、その対象となる犯罪の数は、六一九にも達するという。

ところで、一七六四年にチェザーレ・ベッカリーアが『犯罪と刑罰』の中で「犯罪の尺度は社会に与えた損害である」と述べたように、刑法は、結果が発生した既遂の処罰を原則とし、犯罪の実行に着手したが結果が発生していない未遂を例外的に処罰し、特に重大な法益については、犯罪の準備を行う予備を例外中の例外として処罰しているにすぎない。客観的には誰も見ることの出来ず、知ることのできない行為者の意思や決意は、単独では、決して処罰されることはない。

刑法では、殺人や強盗など七つの罪にのみ予備罪の成立が認められているに過ぎない。それ以外の犯罪では、行為の実行に着手しない限り犯罪は成立しない。また、予備罪が成立する七つの罪についても、その行為の共謀だけでは処罰されず、処罰のためには、それに基づく何らかの準備行為が必要である。

法案は、このような場合、共謀の事実だけでの処罰を認めるものであり、刑法の処罰範囲をはるかに拡大している。そのための要件とされている「団体の活動」や「組織による遂行」では、共謀処罰の根拠としては不当であり、処罰の拡大現象への歯止めとはならない。二人以上の者が集まれば団体であり、その中での実行部隊は組織である。それは、通常の小さな会社や小さなＮＧＯ・ＮＰＯにも当てはまる。また、法定刑で四年以上の自由刑が定められている罪については共謀罪の成立を認めるので、既遂しか成立しない犯罪や既遂と未遂が処罰されるが、予備が処罰されない犯罪の共謀が処罰されることになる。予備や未遂の段階では処罰されないのに、なぜそれより害悪の少ない共謀が処罰されるのであろうか。その正当化根拠はどこにあるのであろうか。その点についての説明は、どこからも、誰からもなされていない。

法案は、組織的犯罪処罰法の中で共謀罪を新設しているが、それは、非常に多くの犯罪が対象とされ、実質的には刑法の改正と同価値であり、刑法では容認されないほど、処罰時期をはるかに早めるものである。

二　跨国組織犯罪条約の批准に伴う国内法のあり方を審議するための法制審議会刑事法特別部会は、二〇〇二年九月一三日の第一回から一一月一八日までに五回の会議が開催され、最後の会議で採決が行われた。最初に弁護士の委員及び幹事が提出した修正案が採決され、賛成一、反対一三で否決された。ついで、事務局作成の修正案が採決され、賛成一三、反対一で可決された。

風聞するところによれば、この部会は、委員一五名、幹事八名で構成されていた。そのうち学者委員は、宮澤浩一慶応義塾大学名誉教授（部会長）、川端博明治大学教授、椎橋隆幸中央大学教授、芝原邦爾学習院大学教授、中森義彦京都大学教授、西田典之東京大学教授、山中敬一関西大学教授であり、弁護士会推薦で、安冨潔慶應義塾大学教授も加わっていた。また、幹事として、井田良慶応義塾大学教授と佐伯仁志東京大学教授も委嘱されていた（すべて、肩書は当時）。

委員の数は実に八名に及び、委員総数の過半数を占めていた。これらの委員は、採決から明らかなように、すべて修正案に賛成し、弁護士委員提出の修正案に反対している。

ところで、これらの者たちの体系書を読んでみると、既遂処罰が原則であり、構成要件に規定されている場合のみ未遂も処罰できるとし、予備罪処罰はまったくの例外であるという。また、思想そのものの不処罰も認めている。これらの考え方を基本とした場合、予備よりもはるか前に行われる共謀段階での処罰を認めることはありえないことである。しかし、彼らは、共謀罪法案に賛成し、自らの原則を踏みにじってしまった。

果たしてこれらの者たちを研究者・学者と認めることができるのであろうか。研究者・学者は、自己の学問的良心に基づき学説を立て、体系書を書いているはずである。その見解と矛盾する場合には、自己の見解を改説しない限り、絶対に賛成することはない。彼らは、どのような頭で共謀罪法案を推進しているのであろうか。

彼らのとった行動は、徹底的に批判されなければならない。彼らの講義を受けている学生達がかわいそうである。彼らの真実がどこにあるかが分からずに、うそを真実と教えられているのである。まずもって、彼らは学生の前で、自己の学説の愚かさを自己批判すべきである。

この問題は、法制審刑事法特別部会の委員・幹事を委嘱する法務省の在り方にもかかわっている。法務省は自己に都合のよいものだけを集め、御用学者の集団に審議を委ねている。これでは、最初から結論が見えているのと同じである。

2　ガイドラインと共謀罪

古屋修一早大教授は、警察学論集六一巻六号（二〇〇八年）に、「国際組織犯罪条約と共謀罪の立法化―国際法の視点から―」を発表した。彼は、国際法の専門家であるので、条約には詳しい者であると思われる。しかし、この論考では、概念の検証が不十分であるので、これをもとにして、「共謀罪」を条約との関係で考えてみよう。

(1)　刑事実体法の根拠としての問題

跨国組織犯罪条約を理解するに際し、概念の厳格な検討は必ずしなければならない。それは、従来概念の厳格性を問題にしてこなかった国際法分野においても、筆者自らが認めるように、条約は、「犯罪化については、組織的な犯罪集団への参加、資金洗浄、腐敗行為、司法妨害などを国内法上犯罪とすることを求めている」（一四四頁）が、この条約は、「重大な犯罪の共謀行為、組織的な犯罪集団への参加といった包括的な行為を問題としている点に留意しなければならない」とし、「この条約はテロ諸条約に代表される従来の国際刑事協力の枠組を一歩踏み出して、各国の刑事実体法の中身とその運用の統一を図ることを意図している。（一四五頁）」

筆者は、国際法とりわけ国際公法と国際刑事法の専門家を自負しているのであることから、当然のように、ガイドラインの翻訳については、外務省の仮訳を使わず、自己の翻訳を使っている。

しかし、国際刑事法という学問領域がどのようなものであるかについては不分明であるが、少なくとも、刑事実体法にかかわる部分については、近代刑法で確認された諸原則が適用されなければならない。これに関連した、ここでの問題は、「概念の明確性」であるが、これは、研究者の研究精神の問題でもある。

ところが、古屋氏は、そもそも概念の厳格性が分かっていないようである。transnationalについて、筆者は、何の疑念も持たずに、「国際」と翻訳している。この言葉は、この条約の性質を決定する重要な要素であり、その概念は、厳格に解釈されるべきである。私は、国連条約での正文の一つである中国語訳での「跨国」を用いるが、「越境」を用いたとしても、直ちに間違いとは言い切れない。しかし、「国際」とは決定的な違いがある。日本では、日弁連をはじめとして、「越境」が幅広く使用されており、筆者自身も知りうる立場にあろう。にもかかわらず、概念規定もせずに、「国際」という訳語を当てること自体が、研究者の態度ではない。

彼には、transnationalが「国際」であることを立証する責務が存在し、これは、今後の宿題であろう。

(2) ガイドラインとの関連

条約五条は、共謀罪の制定か団体への参加の処罰かという二者択一なのか、あるいは第三の道を認めているのかについて、筆者は、ガイドラインを引用しながら、前者しかないと結論付けている。

彼によれば、解釈上の問題が発生しているのは、ガイドライン五一節に出てくるthe introduction of either notion–conspiracy or criminal association–という言葉のあいまいさに依拠している。しかし、以下の四つの根拠から、彼は、「共謀か犯罪の結社のいずれか一つは導入しなければならないという理解が正しい」という（一四九頁）。

①条約五条を「用語の通常の意味」にしたがって解釈した場合、その概念の名称を問わないとしても、（五条の）いずれかを、国内法上犯罪とすることを義務づけているとしか解

釈できない。

②四八節から五一節に至る全体の流れを踏まえれば、共謀と犯罪の結社の両方を導入しなくても良いという趣旨であると理解することは困難である。

③フランス語訳では、明らかに「どちらか一方」を意味するものと解釈できる。

④国連薬物犯罪事務所条約局が、こうして解釈を確認している。

そこで、これらについて検討を加えよう。

まず、①について。「故意に行われた次の行為を犯罪とする」という本文の「次の行為」を規定しているものが（a）の「次の一方又は双方の行為」であることから、その文理解釈として、「どちらか一方の犯罪化」が必要であるとの結論は正しいように思われる。ただし、筆者の言うような「用語の通常の意味」からの結論ではないことを付言しなければならない。このような意味不明なものを解釈基準とすること自体、彼が、刑事法研究者ではないことを鮮明にしている。

しかし、五条では、それに続けて、「故意に行われた次の行為を犯罪とするため、必要な立法その他の措置をとる。」としているのである。問題は、「必要な立法その他の措置をとる」という文章の解釈の問題であろう。

これの意味するところは、立法だけを義務づけているものではなく、立法は「必要な措置」の例示とされているに過ぎない。したがって、立法ガイドは、その意味を明確にするため、第三の道を認めたものであり、「どちらか一方の犯罪化」が正しいという結論には、到底到達し得ないものである。

②について。このようなあいまいな理由で立法が容認されるとすれば、そのこと自体が大問題である。刑事立法には、厳格な要件事実の存在が必要であり、処罰に値する事実が存在しない場合には、立法自体が無意味なものである。

四八節から五一節の流れを見ると、彼とはまったく逆の結論に到達せざるを得ない。ここでは、立法形式としての大陸法と英米法の存在を前提とし、これに与し得ない第三国の存在も容認している。そのことを前提とすれば、五一節の結論では、それに相応する第三の道が容認されてもおかしいものではなく、それこそが、論理必然的な結論であろう。

③について。それについて言うならば、フランス語だけの問題ではなく、他の国連公用語（正文）での言葉も検討されなければならない。ちなみに、中国語では、次のように規定している（読み易さを考え、簡体字を繁体字に置き換えた）。

選択使得在対有組織犯罪集団採取有効行動的同時不要求不存在相関法律概念的国家採用

共謀概念、或犯罪参与的概念。

この場合、「不要求」をどのように理解するかにかかっているのであろう。

④について。これについては、検討する必要性が存在しない。国連薬物犯罪事務所条約局が、どのようにこれを確認したのかについて、その経緯がまったく不明であると共に、国の問い合わせに対する回答でしかないからである。

この「立法ガイド」では、日本政府との理解とは異なり、国際社会における法体系の相違に着目し、それを容認した上で、共謀罪、参加罪、第三の道の立法化を提案している。国会での共謀罪審議の中で、新たな問題として、「本当に、条約上、共謀罪を新設することは必要なのであろうか」という問題が指摘されるようになった。

既に述べたように、条約では、参加罪か共謀罪の二者択一又は第三の道の選択である。法案を提出した政府のような「共謀罪ありき」の議論ではなく、どのような方法を採用するのかあるいは現行法のままで条約を批准するのかという議論から、国会でなされなければならない。さらに、既に明らかにしたように、「立法ガイド」の内容も紹介され、参加罪や共謀罪ではない、別の方法も可能であることが明らかになりつつある。

このような現状において、衆議院法務委員会は、「共謀罪法案」を継続審議としたままである。この継続審議を提案した自民党と公明党の与党は、その大義名分をどこに求めているのだろうか。継続審議を提案し、多数の横暴で可決した与党は、これだけ国民的関心が高まった法案の継続審議の必要性について、納得いくまでの説明責任を果たさなければならなかった。しかし、今日まで、その説明責任は果たされてはいない。

この法案は、国内的には立法事実が存在せず、ただ国際条約の批准に伴う国内法整備の一環として提案されたものであるが、国会終盤の説明では、国内法的事実を指摘し、治安法的理解を推進しようとする者が現れてきた。

この法案を推進する側の説明では、この条約が取締対象とは想定していない暴力団対策を前面に押し出してきた。これは、条約批准を名目としながらも、それには内在していない新たな価値の創出を行おうとするものである。そのような場合には、条約批准という姑息な手段を用いずに、立法事実を明らかにした法律案を国会に提出すべきである。

従来存在しなかった共謀罪規定が制定された場合には、それを一番活用するのは、警察当局であろう。共謀罪は、人間の心の中に入り込み、心の中を取締りの対象とすることができるのである。誰も心の中を見ることはできず、心の中を知ることはできない。心の中は自由である。自由でなければならない。二人以上の者が犯罪遂行の相談をしていることは、心のつながりの問題であり、それは、誰をも侵害していない。つまり、社会への侵害は惹起されていない。このような社会侵害性のない行為については、処罰されてはならない。それを処罰する正当性の根拠はどこにも存在しない。

心の中は処罰しない。これこそが、日本の法体系の原則である。

3　一国主義と世界法主義

地球は小さくなった。現代は、情報化の発達とともに、すべての情報がリアルタイムで世界を駆け巡る時代である。

しかし、法の世界はそうではない。それぞれの国の法に基づいて社会は存在し、運営されている。そこでは、法の個別性が前提とされ、それぞれの国の法観念や法慣習に基づく法体系が維持されている。

犯罪と刑罰を規定する刑法においても、事情は変わらない。

しかし、それを変えるものとしての世界共通犯罪の存在が認識され、主張されるようになった。例えば、国際航空機に対するハイジャックである。これは、世界共通犯罪と位置づけ、どの国でも処罰できる必要があるといわれる。

言葉を言い換えると、「人類共通の犯罪」が存在するといわれる。そのような犯罪に対しては、世界犯罪と位置づけ、世界共通の基準が必要であるといわれる。このことは、是認されるとしても、あくまでも例外であり、一般化され、共通化されてはならない。

人々の慣習は異なり、人々の価値観は異なっている。何が犯罪であるかを規定するのは、社会であり、社会を構成している人々である。人々の価値観を無視した犯罪は存在しない。政府が想定する秩序が犯罪を創出する場合がある。しかし、人々は、その秩序に形式的に従ったとしても、心では従わないであろう。その様な強権的に創出された秩序は、まったく空虚なものである。

世界犯罪を創出しようとする場合の事情も異ならない。

もし世界の人々が共通の価値での一体化が存在する場合には、それを根拠とした世界犯罪が存在してもおかしくはない。しかし、どこかの国が主導し、その国のイニシアティブで作成された条約については、他の国は、しぶしぶ従うふりはしつつ、形式的には条約を批准するけれども、実質的にはそれを無視し、独自路線を歩んでいる。そのような条約を根拠とした犯罪化の動きにより価値の一元化を推進することは不可能である。

それが、世界の現状ではないだろうか。

世界連邦が作られ、世界が一体化した場合には、それに伴う世界に共通した秩序が樹立される必要があるだろう。しかし、今はその段階ではない。個別的テーマごとの犯罪の共通化を追求すれば足りるのである。その場合においても、国内の基本原則は維持されなければならない。国内法体系を無視した新たな立法は、どこにおいても容認されるものではない。

国連跨国組織犯罪条約は、その典型である。今日現在、世界の一八七ヶ国が批准を終了している。

そのうち、どれだけの国が条約に沿った国内法の制定を行っているのであろうか。カンボジア王国はすでに批准しているが、それに見合った法整備は終了していない。国連統治を経験した国では、すべての価値基準は国連であり、そこでの条約は、すべてに勝る価値であろう。したがって批准はすれども、国内法整備が終了していないという典型である。

もしこのような批准が許されるとすると、条約の持っている意味が改めて問われることになるのではないか。

その場合、条約の制定過程から問題にする必要がある。基本的には、すべての国が賛同する条約などありえない。そこで、条約の留保が生まれたのであろう。しかし、すべての国が条約の制定過程に関与し、何らかの意見表明を行い、大多数の国が賛同しうる形での意見集約がなされれば、別の条約になるかもしれない可能性が高い。G8などの大国の意向が優先され、小国がそれに従うようでは、世界共通の価値基準とはなり得ていない。

世界連邦が完成し、そこのひとつの秩序の存在が前提とされない限り、共通秩序は必要最小限に限定されなければならない。

4　むすび

冷戦構造が崩壊した以降、アメリカ的価値が世界を席巻している。現代は、まさにパックス・アメリカーナの時代である。

この価値に異議を唱えた場合、アメリカによって「テロ国家」とか「テロ支援国家」とかのレッテルを貼られ、国連から村八分の状態に置かれる。国連から総スカンされ、一方的に安保理決議の名において、新たな価値を強制されてしまう。これは、アフガニスタンやイラクで見られた現象であり、リビアでも現れていた。

この多民族が生活する地球において、価値の一元化を図ることは非常に困難である。いや、不可能である。

このような現状の中で、個別テーマについての条約を作成し、そこで創出されている新たな価値を強制することは許されて良いのであろうか。

現実の政治は、パワー・ポリティックスである。力こそが政治である。その意味では、圧倒的軍事力を有するアメリカ的価値のみが世界の価値であるということになってしまうかもしれない。

しかし、生活する人々の心は、そんな状態に縛られるものではない。アメリカ的価値とは無関係に生活し、生きている。生きる手段として利用できるものは利用しなければならない。それを奪う権利は、誰も持ち得ないだろう。

価値は、強制するものではなく、共有するものである。価値の共有がスムーズに進めば、そこから一歩進んだ形態での国家関係が生まれ、そこから新たな価値基準が創出されるであろう。

それは、価値の強制ではない。価値の強制は、他国への侵略である。

資料編

「共謀罪」をめぐって国会・委員会に提出された組織的犯罪処罰法の改正法案

資料1　政府提出法案（二〇〇五年一六四回国会）

（組織的な犯罪の共謀）

第六条の二　次の各号に掲げる罪に当たる行為で、団体の活動として、当該行為を実行するための組織により行われるものの遂行を共謀した者は、当該各号に定める刑に処する。ただし、実行に着手する前に自首した者は、その刑を減軽し、又は免除する。

一　死刑又は無期若しくは長期十年を超える懲役若しくは禁錮の刑が定められている罪　五年以下の懲役又は禁錮

二　長期四年以上十年以下の懲役又は禁錮の刑が定められている罪　二年以下の懲役又は禁錮

2　前項各号に掲げる罪に当たる行為で、第三条第二項に規定する目的で行われるものの遂行を共謀した者も、前項と同様とする。

資料2　与党修正案（二〇〇六年四月二一日）

組織的犯罪処罰法六条の二を次のように修正する。修正は傍線部。

1　次の各号に掲げる罪に当たる行為で、団体の活動（その共同の目的がこれらの罪又は別表第一に掲げる罪を実行することにある団体である場合に限る。）として、当該行為を実行するための組織により行なわれるものの遂行を共謀した者は、その共謀をした者のいずれかにより共謀に係る犯罪の実行に資する行為が行われた場合において、当該各号に定める刑に処する。ただし、実行に着手する前に自首した者は、その刑を減軽し、又は免除する。

一　死刑又は無期若しくは長期一〇年を越える懲役又は禁錮の刑が定められている罪　五年以下の懲役又は禁錮

二　長期四年以上一〇年以下の懲役又は禁錮の刑が定められている罪　二年以下の懲役又は禁錮

資料3　与党再修正案（二〇〇六年五月一二日提示）

組織的犯罪処罰法6条の2を次のように修正する。修正案を修正した部分が傍線部。

第六条の二　次の各号に掲げる罪に当たる行為で、組織的な犯罪集団の活動（組織的な犯罪集団（団体のうち、その共同の目的がこれらの罪又は別表第一（第一号を除く。）に掲げる罪を実行することにある団体をいう。）の意思決定に基づく行為であって、その効果又はこれによる利益が当該組織的な犯罪集団に帰属するものをいう。）として、当該行為を実行するための組織により行なわれるものの遂行を共謀した者は、その共謀をした者のいずれかによりその共謀に係る犯罪の実行に必要な準備その他の行為が行われた場合において、当該各号に定める刑に処する。ただし、死刑又は無期若しくは長期五年以上の懲役又は禁錮の刑が定められている罪に係るものについては、実行に着手する前に自首した者は、その刑を減軽し、又は免除する。

2　略

3　前2項の規定の適用に当たっては、思想および良心の自由並びに結社の自由その他日本国憲法の保障する国民の自由と権利を不当に制限するようなことがあってはならず、かつ、労働組合その他の団体の正当な活動を制限するようなことがあってはならない。

資料4　与党再々修正案（二〇〇六年五月一九日提示）

傍線は、再修正案を修正した部分。

（定義）

第二条　この法律において「団体」とは、結合関係の基礎としての共同の目的を有する多数人の継続的結合体であって、その目的又は意思を実現する行為の全部又は一部が組織（指揮命令に基づき、あらかじめ定められた任務の分担に従って構成員が一体として行動する人の結合体をいう。以下同じ。）により反復して行われるものをいう。

（組織的な犯罪の共謀）

第六条の二　次の各号に掲げる罪に当たる行為で、組織的な犯罪集団の活動（組織的な犯罪集団（団体のうち、その結合関係の基礎としての共同の目的が死刑又は無期若しくは長期五年以上の懲役又は禁錮の刑が定められている罪又は別表第一（第一号を除く。）に掲げる罪を実行することにある団体をいう。）の意思決定に基づく行為であって、その効果又はこれによる利益が当該組織的な犯罪集団に帰属するものをいう。）として、当該行為を実行するための組織により行なわれるものの遂行を共謀した者は、その共謀をした者のいずれかによりその共謀に係る犯罪の実行に必要な準備その他の行為が行われた場合において、当該各号に定める刑に処する。ただし、死刑又は無期若しくは長期五年以上の懲役又は禁錮の刑が定められている罪に係るものについては、実行に着手する前に自首した者は、その刑を減軽し、又は免除する。

資料5　与党最終修正案（二〇〇六年六月一六日提出）

（定義）
第二条　この法律において「団体」とは、結合関係の基礎としての共同の目的を有する多数人の継続的結合体であって、その目的又は意思を実現する行為の全部又は一部が組織（指揮命令に基づき、あらかじめ定められた任務の分担に従って構成員が一体として行動する人の結合体をいう。以下同じ。）により反復して行われるものをいう。

（組織的な犯罪の共謀）

第六条の二　次の各号に掲げる罪**（別表第三に掲げるものを除く。）**に当たる行為で、組織的な犯罪集団の活動（団体のうち、その結合関係の基礎としての共同の目的が死刑**若しくは**無期若しくは長期五年以上の懲役若しくは禁錮の刑が定められている罪**（別表第三に掲げるものを除く。）**又は別表第一（第一号を除く。）に掲げる罪を実行することにある団体をいう。）の意思決定に基づく行為であって、その効果又はこれによる利益が当該組織的な犯罪集団に帰属するものをいう。）として、当該行為を実行するための組織により行われるものの遂行**について、具体的な謀議を行いこれ**を共謀した者は、その共謀をしたもののいずれかによりその共謀に係る犯罪の実行に必要な準備その他の行為が行われた場合において、当該各号に定める刑に処する。ただし、**情状により、**その刑を免除することができる。

2　前項各号に掲げる罪**（別表第三に掲げるものを除く。）**に当たる行為で、第三条第二項に規定する目的で行われるものの遂行を共謀した者も、前項と同様とする。

3　**前2項の罪については、第1項本文に規定するその共謀に係る犯罪の実行に必要な準備その他の行為が行われたことを疑うに足りる相当な理由があるときは限り、刑事訴訟法（昭和23年法律第131号）の規定により逮捕し、又は勾留することができる。**

4　第1項及び第2項の規定の適用に当たっては、思想および良心の自由並びに結社の自由その他日本国憲法の保障する国民の自由と権利を不当に制限するようなことがあってはならず、かつ、労働組合その他の団体の正当な活動を制限するようなことがあってはならない。

資料6　民主党案

第六条の二　次の各号に掲げる罪に当たる行為（国際的な組織犯罪の防止に関する国際連合条約第三条2（a）から（d）までのいずれかの場合に係るものに限る。）で、組織的犯罪集団の活動（組織的犯罪集団（団体のうち、死刑又は無期若しくは長期五年を超える懲役若しくは禁錮の刑が定められている罪又は別表第一第二号から第五号までに掲げる罪を実行することを主たる目的又は活動とする団体をいう。次項において同じ。）の意思決定に基づく行為であって、その効果又はこれによる利益が当該組織的犯罪集団に帰属するものをいう。第七条の二において同じ。）として、当該行為を実行するための組織により行われるものの遂行を共謀した者は、その共謀をした者のいずれかがその共謀に係る犯罪の予備をした場合において、当該各号に定める刑に処する。ただし、死刑又は無期の懲役若しくは禁錮の刑が定められている罪については、実行の着手する前に自首した者は、その刑を減軽し、又は免除する。（傍線は、政府案を修正した部分である。）

資料7　テロ等謀議罪（自民党条約検討小委員会）

修正のポイントは、次のとおりである。

①「組織的な犯罪の共謀罪」という名称を、テロ等の重大な犯罪が実行されて甚大な被害が発生することを防止するために、謀議の段階で処罰を行うものであることが明確になるように、「テロ等謀議罪」という名称に修正する。

②処罰の対象とする犯罪を、「テロ犯罪」、「薬物犯罪」、「銃器等犯罪」、「密入国・人身取引等犯罪」、「その他、資金源犯罪など、暴力団等の犯罪組織によって職業的又は反復的に実行されるおそれの高い犯罪」の5つの類型を挙げた上、各類型に該当すると考えられる犯罪を具体的に列挙する。

③「テロ等謀議罪」の対象となりうる団体を限定する。

④「共謀」の意味を明確化し、「具体的な謀議を行い、これを共謀した者」という表現に修正する。これにより、単なる目配せをしただけでは「共謀」に当たることはないことを明確にする。

⑤「共謀」に加えて、「実行に必要な準備その他の行為」が行われない限り、処罰できないものとし、これが行われたという嫌疑がない限り、逮捕・勾留をできないものとする。

⑥「テロ等謀議罪」の規定の適用に当たっては、思想・良心の自由、憲法の保障する自由・権利を不当に制限してはならないこと、労働組合その他の団体の正当な活動を制限してはならないことを、特に法律上の留意事項として明記する。

出典：ブログ「早川忠孝の一念発起・日々新たなり」2007-02-27

資料８　国会提出予定の政府案

平成28年12月

検討中の「テロ等準備罪」について（案）
—国際組織犯罪防止条約（TOC条約）の国内担保法整備—

➢ 新設する「テロ等準備罪」には，次の３つの厳しい要件が規定されている。（A，Cは過去の法案から改めたもの）

A　犯罪主体の限定

① 「重大な犯罪」等の実行を目的とする「組織的犯罪集団」の
＊「重大な犯罪」：4年以上の懲役・禁錮の刑が定められている罪
＊組織的犯罪集団：団体のうち，その結合関係の基礎としての共同の目的が「重大な犯罪」又はTOC条約が定める犯罪を実行することにあるもの
（例）テロ組織，暴力団，薬物密売組織，振り込め詐欺集団
⇒通常の民間団体，労働組合等は当たらない。

② 団体の活動として

③ 当該行為（「重大な犯罪」）を実行するための組織によるもの
＊組織の例：犯罪実行部隊

B　具体的・現実的な合意（計画）の存在

C　合意のみならず，当該犯罪（「重大な犯罪」）の実行の「準備行為」が行われること

＊準備行為の例：凶器購入資金の調達，犯行現場の下見行為

3つの厳しい要件を全て満たす事例

○ テロ組織の構成員らが化学物質を用いたテロ行為を計画し，化学物質を調達した場合
○ 暴力団組員らが，対立する暴力団の組長を拳銃で射殺することを計画し，拳銃購入資金を用意した場合
○ 人身取引組織の構成員らが多数の外国人を日本で働かせる目的で買い受けることを計画し，買い受け資金を用意した場合

適用対象とならない事例

○ 会社において脱税を計画し，裏帳簿を作成した場合
⇒Aを欠く
○ 暴力団組員らがシノギとして振り込め詐欺を行うことを計画したが，すぐに翻意した場合
⇒Cを欠く

⇒「テロ等準備罪」は，恣意的な取締りにはつながらない。

国際組織犯罪防止条約(TOC条約)の締結に向けた法整備の必要性

2019年 ラグビー・ワールドカップ開催国として,
2020年 オリンピック・パラリンピック競技大会開催国として,

国際社会の日本への注目が高まる中, テロ等の組織犯罪を未然に防ぎ,
これらの国際大会を安全に開催することは,
「世界一安全な日本」をアピールするために必須であり, 極めて重要。

このためには国際協力が不可欠。

- テロ等の組織犯罪を計画・準備の段階で取り締まり, 被害を未然に防止する必要がある。
- 世界の各国に対し, 捜査共助や犯罪人引渡しの要請を行うことが可能な法的基盤を構築しておく必要がある。

世界の187か国・地域がTOC条約を締結して協力

しかるに

我が国はTOC条約未締結。国際協力の「穴」になっており, 信頼を欠く。

パレルモ条約を締結していない国連加盟国はわずか **11か国**

※日本, イラン及びコンゴ(共)はいずれも署名済み。 ※北朝鮮も昨年に締結。

早急にTOC条約を締結し, この「穴」を埋める必要あり。

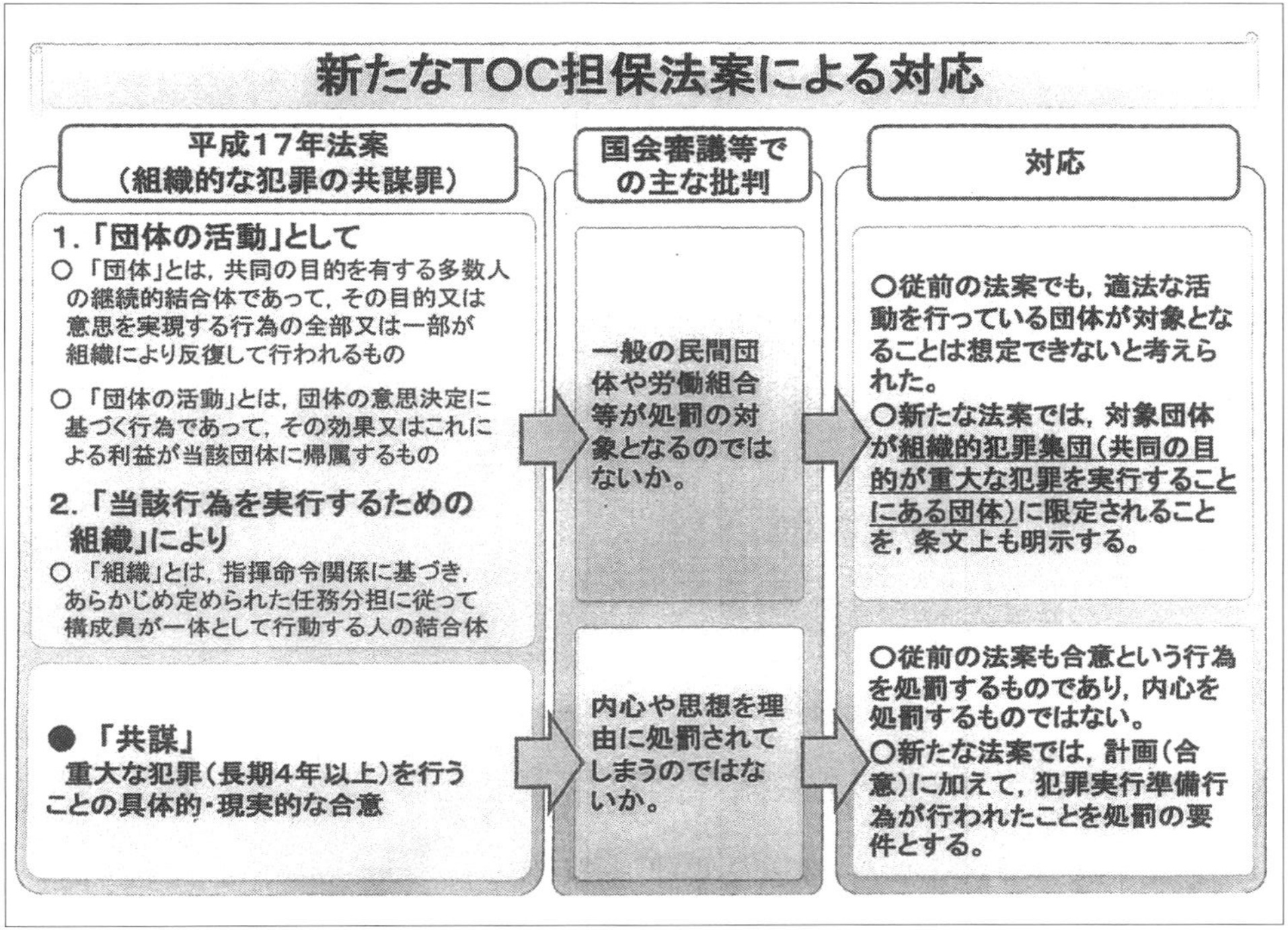
新たなTOC担保法案による対応
平成17年法案
（組織的な犯罪の共謀罪）
1.「団体の活動」として
○「団体」とは，共同の目的を有する多数人の継続的結合体であって，その目的又は意思を実現する行為の全部又は一部が組織により反復して行われるもの
○「団体の活動」とは，団体の意思決定に基づく行為であって，その効果又はこれによる利益が当該団体に帰属するもの
2.「当該行為を実行するための組織」により
○「組織」とは，指揮命令関係に基づき，あらかじめ定められた任務分担に従って構成員が一体として行動する人の結合体
●「共謀」
重大な犯罪（長期4年以上）を行うことの具体的・現実的な合意
国会審議等での主な批判
一般の民間団体や労働組合等が処罰の対象となるのではないか。
内心や思想を理由に処罰されてしまうのではないか。
対応
○従前の法案でも，適法な活動を行っている団体が対象となることは想定できないと考えられた。
○新たな法案では，対象団体が組織的犯罪集団（共同の目的が重大な犯罪を実行することにある団体）に限定されることを，条文上も明示する。
○従前の法案も合意という行為を処罰するものであり，内心を処罰するものではない。
○新たな法案では，計画（合意）に加えて，犯罪実行準備行為が行われたことを処罰の要件とする。

テロ等準備罪の対象となる「重大な犯罪」について

平成28年12月

「重大な犯罪」(長期4年以上の刑の罪)

● テロ等準備罪の対象とはなり得ない類型の罪
○ 過失犯 (7個) ○ 独立未遂犯 (1個) ○ 結果的加重犯(33個)

41

● テロ等準備罪の対象となる罪

1 テロに関する罪(167個)
(例) 現住建造物等放火，殺人，航空機の危険を生じさせる行為，化学兵器使用による毒性物質等の発散，テロ資金の提供

2 薬物に関する罪(49個)
(例) 大麻の栽培・輸出入，覚せい剤の輸出入・製造，ジアセチルモルヒネ等の輸出入・製造

3 人身に関する搾取犯罪(43個)
(例) 強姦，営利目的等略取誘拐，人身売買，暴行・脅迫等による職業紹介等，児童買春周旋

4 組織的犯罪集団の資金源に関する罪(339個)
(例) 通貨偽造，賭博場開張等図利，強盗，詐欺，恐喝，犯罪収益等隠匿，高金利契約，営業秘密侵害

5 司法妨害に関する罪(27個)
(例) 偽証，組織的な犯罪に係る犯人蔵匿等

6 その他(10個)

635

676

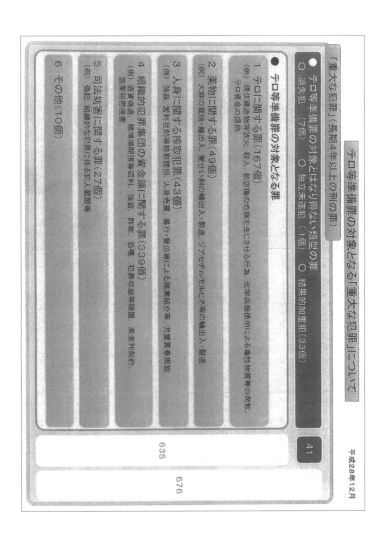

その他の主な批判に対する考え方

1　６００以上の犯罪を「テロ等準備罪」の対象犯罪とすると，テロ犯罪を含む組織的犯罪とは関係のない罪まで含まれてしまい，濫用の危険を生じる。

（考え方）

○　この法案で新設する「テロ等準備罪」は，国際組織犯罪防止条約の締結に伴い必要となる法整備の一環として設けるものであるが，条約は，「長期４年以上の自由を剥奪する刑又はこれより重い刑を科することができる犯罪」を「重大な犯罪」とした上で（条約第２条），このような「重大な犯罪」を行うことを合意することを犯罪とすることを，明確に義務付けている（条約第５条）。

○　そこで，法案の「テロ等準備罪」においては，死刑又は無期若しくは長期４年以上の懲役若しくは禁錮の刑が定められている罪をその対象犯罪としたものである。

○　一方，「テロ等準備罪」は，組織的犯罪集団の関与の要件及び犯罪実行準備行為の要件を付加したことなどにより，その適用範囲は十分限定されており，濫用の危険を生じる懸念はない。

2　国際組織犯罪防止条約は，マフィアなど経済的利益を目的とする組織犯罪を対象としているもので，テロ対策とは直接関係がない。

（考え方）

○　組織的に行われるテロは，組織犯罪の典型であり，また，一般に，テロ組織が自己の活動資金を得るために国際的な組織犯罪を行うなど，国際的な組織犯罪とテロ活動との間には関連性があると国際的にも認識されている。

○　条約にいう「金銭的利益その他の物質的利益を得ることに直接又は間接に関連する目的」との要件は広い概念であって，純粋に精神的な利益のみを得る目的等が除かれるにとどまると解されている。

○　このような理解によれば，テロ組織によって行われる犯罪行為についても，「金銭的利益その他の物質的利益を得ることに直接又は間接に関連する目的」が伴うことは十分に想定されるのであって，御指摘は当たらないと考えている。

3　国際組織犯罪防止条約を締結している１８７か国・地域のうち，同条約を締結するに当たって共謀罪を新設した国はわずかであることから，我が国が共謀罪を設けなくても条約を締結することは可能である。

（考え方）

○　指摘の点について，必ずしも網羅的に把握しているわけではないが，そもそも，米，英，独，仏等の主要国は，条約の採択前から既にいわゆる「共謀罪」又は「参加罪」を有していたと承知している。

※　いわゆる「共謀罪」に関して新たに国内法を整備した国として，ノルウェーやブルガリアがあるものと承知。

4　我が国には，重大な法益を侵害する犯罪などに共謀罪，予備罪等が設けられており，共謀罪法案がなくても国際組織犯罪防止条約は締結できる。

（考え方）

○　条約は，①重大な犯罪（長期４年以上の自由を剥奪する刑又はこれより重い刑を科することができる犯罪）を行うことの合意又は②組織的な犯罪集団の活動への参加の少なくとも一方を犯罪化することを義務付けている。

○　しかし，現行法上，犯罪の実行着手前の段階といえる行為を処罰する規定である共謀罪，予備罪等が設けられている罪は，限定的なものにとどまる。

※　例えば，人身売買，詐欺（刑法），航空機の危険を生じさせる罪（航空の危険を生じさせる行為等の処罰に関する法律），人質による強要等の罪（人質による強要行為等の処罰に関する法律），営利目的の覚醒剤譲渡（覚せい剤取締法）には，予備罪，共謀罪等が設けられていない。

○　また，条約上の「組織的な犯罪集団の活動への参加」を犯罪化するために必要とされる，必ずしも特定の犯罪行為と結びつきのない活動に参加する行為自体を処罰する規定も，現行法上存在しない。

○　したがって，我が国の現行法は，条約が定める犯罪化の義務を満たしておらず，条約の義務を担保できていない。

5　居酒屋で「上司を殴りたい」と同僚と話しただけで処罰されるおそれがある。

（考え方）

○　まず，同僚との間の酒の席での会話は，組織的犯罪集団が関与する罪に関する計画（合意）ではあり得ない。

○　また，計画（合意）は，具体的，現実的なものであることが必要であるが，同僚との酒席での会話が，これに当たることもあり得ない。

資料9　政府案・未定稿

検討中の「組織犯罪準備罪」について

「組織犯罪準備罪」が成立するためには，Ⅰ～Ⅲのとおり<u>厳しい要件が必要</u>

Ⅰ①及びⅢは旧法案にはなかった要件

Ⅰ　犯罪主体が限定されていること

① 重大な犯罪の実行を目的とする組織的犯罪集団の

※ 通常の会社，労働組合などの構成員同士の合意はこの要件を満たさない

② 団体の活動として

③ 組織により

④ 重大な犯罪を実行すること

※ 懲役・禁錮4年以上の刑を科すことができる犯罪

Ⅱ　具体的・現実的な合意をすること

※ 居酒屋で「上司を殴ってやりたいな」と意気投合するような，具体性・現実性のない合意はこの要件を満たさない

Ⅲ　合意に加えて，当該犯罪の実行の準備行為が行われること

※ 合意だけでは処罰されない

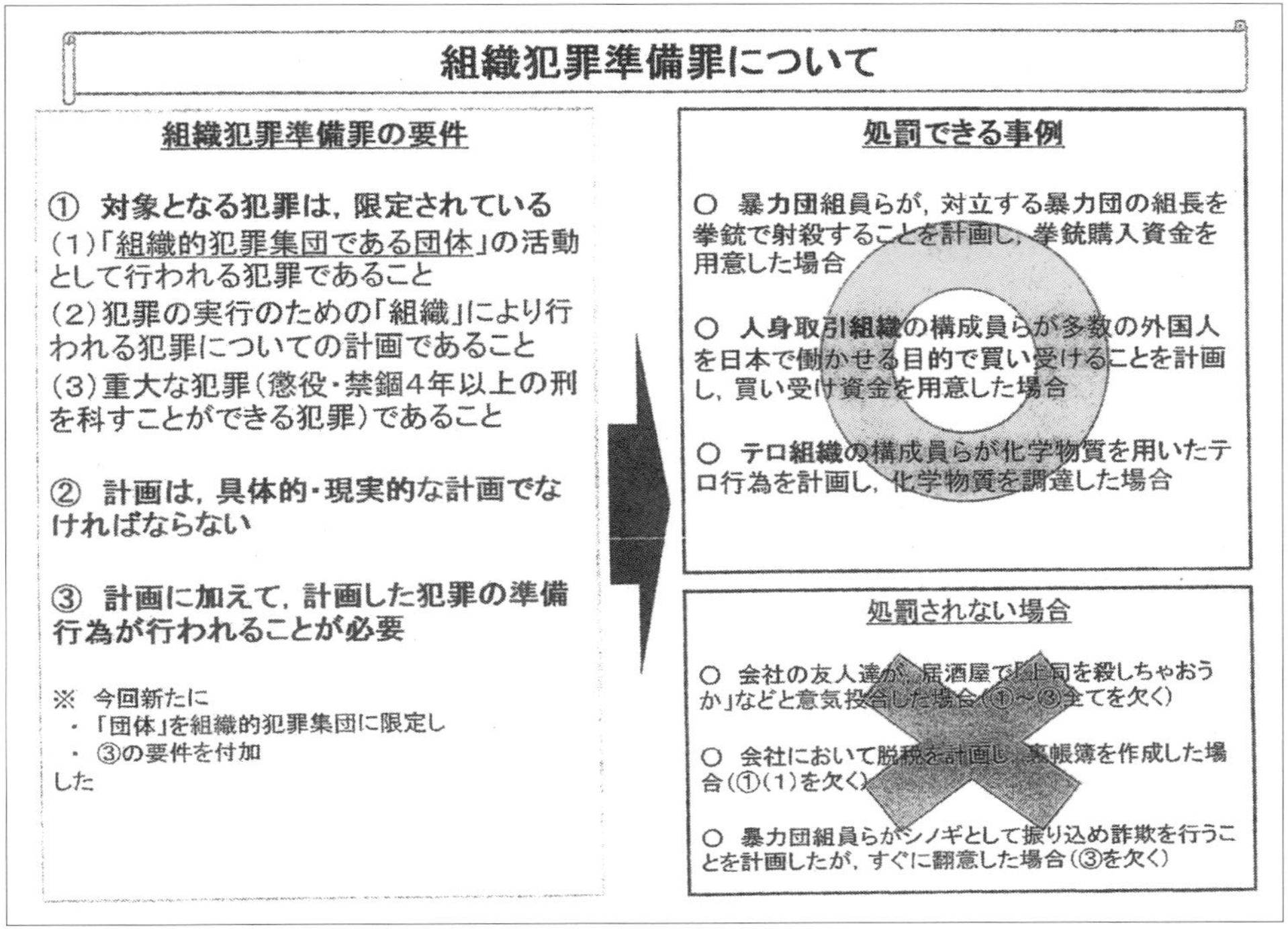
組織犯罪準備罪について
組織犯罪準備罪の要件
① 対象となる犯罪は，限定されている
(1)「組織的犯罪集団である団体」の活動として行われる犯罪であること
(2)犯罪の実行のための「組織」により行われる犯罪についての計画であること
(3)重大な犯罪（懲役・禁錮4年以上の刑を科すことができる犯罪）であること
② 計画は，具体的・現実的な計画でなければならない
③ 計画に加えて，計画した犯罪の準備行為が行われることが必要
※ 今回新たに
・「団体」を組織的犯罪集団に限定し
・ ③の要件を付加
した
処罰できる事例
○ 暴力団組員らが，対立する暴力団の組長を拳銃で射殺することを計画し，拳銃購入資金を用意した場合
○ 人身取引組織の構成員らが多数の外国人を日本で働かせる目的で買い受けることを計画し，買い受け資金を用意した場合
○ テロ組織の構成員らが化学物質を用いたテロ行為を計画し，化学物質を調達した場合
処罰されない場合
○ 会社の友人達が，居酒屋で「上司を殺しちゃおうか」などと意気投合した場合（①～③全てを欠く）
○ 会社において脱税を計画し，裏帳簿を作成した場合（①(1)を欠く）
○ 暴力団組員らがシノギとして振り込め詐欺を行うことを計画したが，すぐに翻意した場合（③を欠く）

今回の法案（審査中）	平成十七年提出法案
（組織的犯罪集団に係る実行準備行為を伴う犯罪遂行の計画） 第六条の二　次の各号に掲げる罪に当たる行為で、組織的犯罪集団（その結合関係の基礎としての共同の目的が死刑若しくは無期若しくは長期四年以上の懲役若しくは禁錮の刑が定められている罪又は別表第一（第一号を除く。）に掲げる罪を実行することにある団体をいう。次項において同じ。）の団体の活動として、当該行為を実行するための組織により行われるものの遂行を二人以上で計画した者は、その計画をした者のいずれかによりその計画に係る犯罪の実行のための資金又は物品の取得その他の当該犯罪の実行の準備行為が行われたときは、当該各号に定める刑に処する。ただし、実行に着手する前に自首した者は、その刑を減軽し、又は免除する。 一　死刑又は無期若しくは長期十年を超える懲役若しくは禁錮の刑が定められている罪　五年以下の懲役又は禁錮 二　長期四年以上十年以下の懲役又は禁錮の刑が定められている罪　二年以下の懲役又は禁錮 2　前項各号に掲げる罪に当たる行為で、組織的犯罪集団に不正権益を得させ、又は組織的犯罪集団の不正権益を維持し、若しくは拡大する目的で行われるものの遂行を二人以上で計画した者も、その計画をした者のいずれかによりその計画に係る犯罪の実行のための資金又は物品の取得その他の当該犯罪の実行の準備行為が行われたときは、同項と同様とする。	（組織的な犯罪の共謀） 第六条の二　次の各号に掲げる罪に当たる行為で、団体の活動として、当該行為を実行するための組織により行われるものの遂行を共謀した者は、当該各号に定める刑に処する。ただし、実行に着手する前に自首した者は、その刑を減軽し、又は免除する。 一　死刑又は無期若しくは長期十年を超える懲役若しくは禁錮の刑が定められている罪　五年以下の懲役又は禁錮 二　長期四年以上十年以下の懲役又は禁錮の刑が定められている罪　二年以下の懲役又は禁錮 2　前項各号に掲げる罪に当たる行為で、第三条第二項に規定する目的で行われるものの遂行を共謀した者も、前項と同様とする。

予備罪又は準備罪と改正後の組織的犯罪処罰法第６条の２の「準備行為」との差異について

1　予備罪及び準備罪について

現行法上の予備罪（刑法第７８条，第２０１条等）及び準備罪（同法第１５３条等）は，予備行為又は準備行為が行われた場合に，予備行為又は準備行為の危険性自体に着目して，これを処罰するものである。

予備罪の「予備」については，実行の着手に至らない行為であって，犯罪の実行を目的としてなされた，犯罪の完遂に実質的に役立つ行為をいい（平野龍一「刑法総論Ⅱ」３３９頁），「当該基本的構成要件に属する犯罪類型の種類，規模等に照らし，当該構成要件実現のための客観的な危険性という観点からみて，実質的に重要な意義を持ち，客観的に相当の危険性の認められる程度の準備が整えられた場合たることを要する」（東京高裁昭和４２年６月５日判決高刑集２０巻３号３５１頁。平野前掲３３９頁参照）ものであり，予備行為自体が相当の危険性を備えたものである必要がある。

なお，予備罪と準備罪については，現行法上，予備罪における予備行為の態様については特段の制限がなく，不定形であるのに対し，準備罪については，「器械又は原料」の準備など（刑法第１５３条等）のようにその態様について一定のものに限定されているという差異があるだけで，行為自体が相当の危険性を備えたものである必要があるという点では，予備罪の予備行為と準備罪の準備行為に差はない。

2　改正後の組織的犯罪処罰法第６条の２の「準備行為」について

改正後の組織的犯罪処罰法第６条の２の罪は，「準備行為」の危険性に着目して，準備行為自体を処罰しようとするものではなく，元々危険性のある組織的犯罪集団の活動としての犯罪について二名以上の者による計画について，当該犯罪の実行に向けた具体的な行為がなされた場合に処罰しようとするものである。そして，このような当該犯罪の実行に向けた具体的な行為の典型的な場合として「その計画に係る犯罪の実行のための資金又は物品の取得」を条文上例示している。

したがってこのような「準備行為」については，予備罪の予備のようにそれ自体が一定の危険性を備えている必要性はなく，元々危険性のある組織的犯罪集団の活動として犯罪についての計画について，当該犯罪が現実に実行される可能性が高まった，すなわち当該犯罪の実行に向けた具体的な行為がなされたといえるものであれば足りる。

「国際組織犯罪防止条約」の締結に伴う罰則等の整備

条約の締結

国際的な組織犯罪の防止に関する国際連合条約

・国際的な組織犯罪を防止し，これと戦うための協力を促進するための国際的な法的枠組みを創設する条約

条約のポイント

・国際組織犯罪に対処するため，重大犯罪の共謀，犯罪収益の洗浄，司法妨害等の犯罪化等について定める。

我が国の対応状況

・平成12年12月イタリア（パレルモ）での条約署名会議において我が国も署名

・平成15年5月，締結について国会で承認

条約締結状況等

平成15年9月29日に発効

・G8のうち，カナダ，フランス，ロシア，アメリカ，イギリス，ドイツ，イタリアが締結済み（未締結は我が国のみ）。

・平成28年6月時点，187か国が締結

本条約を締結するための
法整備が必要

罰則等の整備

組織犯罪準備罪の新設

ア　重大な犯罪の実行を目的とする組織的犯罪集団の活動として
イ　組織により重大な犯罪を実行することを
ウ　2人以上で計画し
エ　計画した犯罪の準備行為が行われること

⇒ 重大な犯罪の法定刑が死刑又は無期・長期10年を超える懲役・禁錮の場合は5年以下の懲役・禁錮，それ以外の場合は2年以下の懲役・禁錮

証人等買収罪の新設

重大な犯罪等に係る刑事事件に関する証人等の買収（偽証，証拠隠滅等の報酬の供与等）の処罰

⇒ 組織的な犯罪に係る刑事事件に関するものは5年以下の懲役又は50万円以下の罰金，それ以外の場合は2年以下の懲役又は30万円以下の罰金

犯罪収益規制関係規定の整備

犯罪収益の前提犯罪を重大な犯罪等に拡大

国外犯処罰規定の整備

贈賄罪及び関係罰則につき国外犯処罰規定を整備

国際組織犯罪防止条約（ＴＯＣ条約）の国内担保法案について

１　現在検討中の法案の概要

①　組織犯罪準備罪の新設（以前の法案における共謀罪に代わるもの）

ア　重大な犯罪(※)の実行を目的とする組織的犯罪集団の活動として

イ　組織により重大な犯罪を実行することを

ウ　２人以上で計画し

エ　計画した犯罪の準備行為が行われること

※懲役・禁錮４年以上の刑を科すことができる犯罪

②　証人等買収罪の新設

③　資金洗浄罪の前提犯罪を重大な犯罪等に拡大

④　贈賄罪等について国外犯処罰規定の整備

２　経緯及び現状

①　ＴＯＣ条約の締結

○　平成12年11月に国連総会において採択。

○　我が国は，同年12月に本条約の署名会議で署名（本会議の開催地から，別名「パレルモ条約」ともいわれる。)。

○　平成15年５月に国会で承認。

○　平成28年６月時点での締約国187か国。Ｇ８で未締結は我が国のみ。その他の未締結国はイラン，ツバル，南スーダン，ソマリアなど。

②　国内担保法案の国会審議

○　平成15年通常国会，平成16年通常国会に法案を提出したものの，いずれも，衆議院の解散に伴い廃案。

○　平成17年特別国会に法案を提出し，与党及び民主党からそれぞれ修正案が提出されるなどしたが，継続審議となった。

平成18年臨時国会以降，実質的な審議は行われず，平成21年７月の衆議院解散に伴って廃案。

⇩

その後は，法案の提出に至らず。

これまでの総審議時間は，約41時間。

3　国内担保法案を成立させる必要性

①　国際社会と協調して組織犯罪と闘う必要性

本条約は，国際的な組織犯罪を防止し，これと闘うための協力を促進するための国際的な法的枠組みを創設するもの。

→　未締結では，組織犯罪等に対する取組が不十分として，国際的な信用低下を招く。

→　平成29年にはイタリア・シチリア島（その中心地がパレルモ）でサミットが開催予定。我が国が未締結のままでは国際的な非難を受けるおそれ大。

②　組織犯罪対策のための必要性

４年後にはオリンピック・パラリンピックが開催され，我が国がテロ組織を含む犯罪組織の標的とされる危険がかつてなく高まっている。

近時，サイバーテロなど，新たな手口を用いた組織犯罪が登場しており，我が国はその脅威にさらされている。

→　国際的な協力の下，重大な犯罪について実行前の段階で取り締まり，取り返しの付かない結果を未然に防止することが必要。

4　「共謀罪」に対するこれまでの批判への対応

①　共謀罪は，思想を理由に処罰するものである。

（対応）

○　２人以上の者が重大な犯罪の実行を計画する行為について処罰するものであり，思想を理由に処罰するものではない。

○　更に，本法案では，計画した犯罪の準備行為が行われることを処罰の条件として加える。

②　市民団体や労働組合等の活動が処罰対象となる。

（対応）

○　重大な犯罪の実行を目的とする組織的犯罪集団の活動として行われるものであることを要件として明記する。

⇩

このような修正を行い，その罪名を「組織犯罪準備罪」とする。

資料10　現行法上共謀罪、陰謀罪、予備罪及び準備罪

現行法上の共謀罪、陰謀罪、予備罪及び準備罪

○共謀罪

法　　　条	法　　定　　刑
爆発物取締罰則第４条 （爆発物使用）	３年以上１０年以下の懲役又は禁錮
国家公務員法第１１０条第１項第１７号 （国家公務員による争議行為等）	３年以下の懲役又は１００万円以下の罰金
自転車競技法第６５条 （公正を害すべき方法による競走）	２年以下の懲役又は１００万円以下の罰金
競馬法第３２条の６ （公正を害すべき方法による競走）	２年以下の懲役又は１００万円以下の罰金
地方公務員法第６１条第４号 （地方公務員による争議行為等）	３年以下の懲役又は１００万円以下の罰金
小型自動車競走法第７０条 （公正を害すべき方法による競走）	２年以下の懲役又は１００万円以下の罰金
モーターボート競走法第７７条 （公正を害すべき方法による競走）	２年以下の懲役又は１００万円以下の罰金
自衛隊法第１１９条第２項 （争議行為等）	３年以下の懲役又は禁錮
自衛隊法第１２０条第２項 （治安出動命令を受けた者による争議行為等）	５年以下の懲役又は禁錮
自衛隊法第１２２条第２項 （防衛出動命令を受けた者による争議行為等）	７年以下の懲役又は禁錮
スポーツ振興投票の実施等に関する法律第４２条 （公正を害すべき方法による試合）	２年以下の懲役又は１００万円以下の罰金
特定秘密の保護に関する法律第２５条第１項 （特定秘密の取扱業務従事者による同秘密の漏えい等）	５年以下の懲役
特定秘密の保護に関する法律第２５条第２項 （特定秘密を業務により知得した者による同秘密の漏えい）	３年以下の懲役

○陰謀罪

法　　条	法　定　刑
刑法第７８条 （内乱）	１年以上１０年以下の禁錮
刑法第８８条 （外患誘致又は外患援助）	１年以上１０年以下の懲役
刑法第９３条 （私戦）	３月以上５年以下の禁錮
破壊活動防止法第３９条 （政治目的のための放火等）	５年以下の懲役又は禁錮
破壊活動防止法第４０条 （政治目的のための騒乱等）	３年以下の懲役又は禁錮
日本国とアメリカ合衆国との間の相互協力及び安全保障条約第６条に基づく施設及び区域並びに日本国における合衆国軍隊の地位に関する協定の実施に伴う刑事特別法第７条 （合衆国軍隊の機密の探知等）	５年以下の懲役
日米相互防衛援助協定に伴う秘密保護法第５条第１項 （特別防衛秘密の探知等）	５年以下の懲役
日米相互防衛援助協定に伴う秘密保護法第５条第２項 （特別防衛秘密の漏えい）	３年以下の懲役

○予備罪

法　　条	法　定　刑
刑法第７８条 （内乱）	１年以上１０年以下の禁錮
刑法第８８条 （外患誘致及び外患援助）	１年以上１０年以下の懲役
刑法第９３条 （私戦）	３月以上５年以下の禁錮
刑法第１１３条 （現住建造物等放火又は非現住建造物等放火）	２年以下の懲役
刑法２０１条 （殺人）	２年以下の懲役

刑法第２２８条の３ （身の代金目的略取等）	２年以下の懲役
刑法２３７条 （強盗）	２年以下の懲役
組織的な犯罪の処罰及び犯罪収益の規制等に関する法律第６条 （組織的な殺人等）	５年以下の懲役
組織的な犯罪の処罰及び犯罪収益の規制等に関する法律第１０条の３ （犯罪収益等隠匿）	２年以下の懲役又は５０万円以下の罰金
郵便法第８６条第２項 （事業の独占を乱す行為等）	２年以下の懲役又は１０万円以下の罰金等
大麻取締法第２４条の４ （大麻の栽培又は輸出入）	３年以下の懲役
軽犯罪法第１条第２９号 （他人の身体に対する加害）	拘留又は科料
覚せい剤取締法第４１条の６ （覚せい剤の輸出入又は製造）	５年以下の懲役
覚せい剤取締法第４１条の７ （覚せい剤の原料の輸出入又は製造）	５年以下の懲役
出入国管理及び難民認定法第７４条の５ （集団密航者の収受等）	２年以下の懲役又は１００万円以下の罰金
破壊活動防止法第３９条 （政治目的のための放火等）	５年以下の懲役又は禁錮
破壊活動防止法第４０条 （政治目的のための騒乱等）	３年以下の懲役又は禁錮
麻薬及び向精神薬取締法第６７条 （麻薬の輸出入又は製造等）	５年以下の懲役
麻薬及び向精神薬取締法第６９条の２ （向精神薬の輸出入又は製造等）	２年以下の懲役
関税法第１０８条の４第４項、第５項 （輸出禁制品の輸出等）	５年以下の懲役若しくは３０００万円以下の罰金等
関税法第１０９条第４項、第５項 （輸入禁制品の輸入等）	５年以下の懲役若しくは３０００万円以下の罰金等

関税法第１０９条の２第４項、第５項 （輸出禁制品の外国貨幣を置く場所の制限規定違反等）	５年以下の懲役若しくは５００万円以下の罰金等
関税法第１１０条第５項 （偽りその他不正の行為による関税の免脱等）	５年以下の懲役若しくは５００万円以下の罰金等
関税法第１１１条第４項 （許可を受けるべき貨物の無許可輸出入等）	３年以下の懲役若しくは３００万円以下の罰金等
あへん法第５３条 （けし栽培等）	５年以下の懲役
銃砲刀剣類所持等取締法第３１条の１２ （けん銃、小銃、機関銃又は砲の輸入	３年以下の懲役又は１００万円以下の罰金
廃棄物の処理及び清掃に関する法律第２７条 （一般廃棄物又は産業廃棄物の輸出）	２年以下の懲役若しくは２００万円以下の罰金等
航空機の強取等の処罰に関する法律第３条 （航空機強奪等）	３年以下の懲役
国際的な協力の下に規制薬物に係る不正行為を助長する行為等の防止を図るための麻薬及び向精神薬取締法等の特例等に関する法律第６条第３項 （薬物犯罪収益等隠匿等）	２年以下の懲役又は５０万円以下の罰金
化学兵器の禁止及び特定物質の規制等に関する法律第４０条 （化学兵器の使用等）	５年以下の懲役又は２００万円以下の罰金
化学兵器の禁止及び特定物質の規制等に関する法律第４１条 （化学兵器の製造）	３年以下の懲役又は１００万円以下の罰金
サリン等による人身被害の防止に関する法律第５条第３項 （サリン等の発散）	５年以下の懲役
サリン等による人身被害の防止に関する法律第６条第４項 （サリン等の製造等）	３年以下の懲役
感染症の予防及び感染症の患者に対する医療に関する法律第６７条第３項 （一種病原体等の発散等）	５年以下の懲役又は２５０万円以下の罰金
感染症の予防及び感染症の患者に対する医療に関する法律第６８条第４項 （一種病原体等の輸入）	３年以下の懲役又は２００万円以下の罰金

放射線を発散させて人の生命等に危険を生じさせる行為等の処罰に関する法律第３条第３項 （放射線物質の発散等）	５年以下の懲役
放射線を発散させて人の生命等に危険を生じさせる行為等の処罰に関する法律第６条第３項 （特定核燃料物質の輸出入等）	３年以下の懲役

○準備罪

法　　　条	法　　定　　刑
刑法第１５３条 （通貨偽造等）	３月以上５年以下の懲役
刑法第１６３条の４第３項 （支払用カード電磁的記録不正作出等）	３年以下の懲役又は５０万円以下の罰金
外国ニ於テ流通スル貨幣紙幣銀行券証券偽造変造及模造ニ関スル法律第４条 （外国においてのみ流通する紙幣等の偽造等）	６月以上５年以下ノ重禁錮
出入国管理及び難民認定法第７３条の５ （在留カードの偽造等）	３年以下の懲役又は５０万円以下の罰金
出入国管理及び難民認定法第７４条の３ （集団密航者の入国等）	２年以下の懲役又は１００万円以下の罰金
日本国との平和条約に基づき日本の国籍を離脱した者等の出入国管理に関する特例法第２８条 （特別永住者証明書の偽造等）	３年以下の懲役又は５０万円以下の罰金
海賊行為の処罰及び海賊行為への対応に関する法律第３条第４項 （海賊行為目的で凶器を準備して船舶を航行させる行為）	３年以下の懲役

＊重禁錮：有期懲役（刑法施行法第２条、第１９条第１項）

資料11　予算委員会における「テロ等準備罪」に関する質疑について

予算委員会における「テロ等準備罪」に関する質疑について

○　予算委員会における「テロ等準備罪」に関する質疑については，以下の点に配慮するべきである。

①　「テロ等準備罪」に関する法案は，現在，提出を検討している閣法であること

②　法案について，現在，検討中であり，与党協議も了していない状況にあること

また，関係省庁との調整中であること

予算委員会における「テロ等準備罪」に関する質疑については，それが基本的な政策判断に関わるものであれ，具体的な法律論に関わるものであれ，ことは法案に関するものであり，かつ，同法案が上記のような状況にあることからすれば，成案を得た後に，専門的知識を有し，法案作成の責任者でもある政府参考人（刑事局長）も加わって充実した議論を行うことが，審議の実を高め，国民の利益にも叶うものである。

○　建設的な議論を進めるためには，委員からの質問通告として，極めて大まかな項目の要旨のみでは不十分であり，答弁の準備が適切にできる程度のお尋ねの方が答弁が充実するものと考える。

○　加えて，本日のように，TOC条約の解釈という外務省の所管事項にわたるお尋ねがある場合には，所管の外務大臣が登録されることにより，答弁が充実するものと考える。

○　以上を踏まえて，法案について成案を得て国会に提出した後，所管の法務委員会において，しっかりと議論を重ねていくべきものと考える。

資料12　跨国組織犯罪条約（抄）

第二条　用語

この条約の適用上、

（a）「組織的な犯罪集団」とは、三人以上の者から成る組織された集団であって、直接又は間接に金銭的利益その他の物質的利益を得るため、一定の期間継続して存在し、かつ、一又は二以上の重大な犯罪又はこの条約に従って定められる犯罪を行うことを目的として協力して行動するものをいう。

（b）「重大な犯罪」とは、長期四年以上の自由を剥奪する刑又はこれより重大な刑を科することができる犯罪を構成する行為をいう。

（c）「組織された集団」とは、犯罪の即時の実行のために偶然に形成されたものではない集団をいい、その構成員に正式に定められた役割があること、その構成員が継続していること又は発達した構造を有することを要しない。

第三条　適用範囲

1　この条約は、別段の定めがある場合を除くほか、次の犯罪であって、性質上国際的なものであり、かつ、組織的な犯罪集団が関与するものの防止、捜査及び訴追について適用する。

（a）第五条、第六条、第八条及び第二十三条の規定に従って定められる犯罪

（b）前条に定義する重大な犯罪

2　1の規定の適用上、次の場合には、当該犯罪は、性質上国際的である。

（a）二以上の国において行われる場合

(b) 一の国において行われるものであるが、その準備、計画、指示又は統制の実質的な部分が他の国において行われる場合

(c) 一の国において行われるものであるが、二以上の国において犯罪活動を行う組織的な犯罪集団が関与する場合

(d) 一の国において行われるものであるが、他の国に実質的な影響を及ぼす場合

第五条　組織的な犯罪集団への参加の犯罪化

1　締約国は、故意に行われた次の行為を犯罪とするため、必要な立法その他の措置をとる。

(a) 次の一方又は双方の行為（犯罪活動の未遂又は既遂に係る犯罪とは別個の犯罪とする）

(i) 金銭的利益その他の物質的利益を得ることに直接又は間接に関連する目的のために、重大な犯罪を行うことを一又は二以上の者と合意すること、ただし、国内法により必要とされるときは、そのような合意であって、その参加者の一人による当該合意を促進する行為を伴い又は組織的な犯罪集団が関与するもの

(ii) 組織的な犯罪集団の目的及び一般的な犯罪活動又は犯罪を行う意図を知りながら、次の活動に積極的に参加する個人の行為

a　組織的な犯罪集団の犯罪活動

b　組織的な犯罪集団のその他の活動であって、当該個人が、自己の参加が犯罪の目的の達成に寄与することを知っているもの

(b) 組織的な犯罪集団が関与する重大な犯罪の実行を組織し、指示し、ほう助し、教唆し若しくは援助し又はこれについて相談すること。

2　1に規定する認識、故意、目的又は合意は、客観的な事実の状況により推認することができる。

3　1（a）（i）の規定に従って定められる犯罪に関し自国の国内法により組織的な犯罪集団の関与を必要とする締約国は、その国内法が組織的な犯罪集団の関与するすべての重大な犯罪を適用の対象とすることを確保する。当該締約国及び1（a）（i）の規定に従って定められる犯罪に関し自国の国内法により合意を促進する行為を必要とする締約国は、この条約の署名又は批准書、受諾書、承認書若しくは加入書の寄託の際に、国際連合事務総長にその旨を通報する。

資料13　跨国的な組織犯罪の防止に関する国連条約を実施するための立法ガイド（抄）

36節　締約国は、組織犯罪防止条約の実施へ向けて一定の立法上および行政上の措置をとることを求められる。第34条1項に述べられているように、これらの措置は各締約国の国内法の基本原則と合致する方法で行うこととする。

「締約国は、本条約に定める義務の履行を確保するため、自国の国内法の基本原則に従って、必要な措置（立法上及び行政上の措置を含む。）をとる。」

43節　国内法の起草者は、単に条約文を翻訳したり、条約の文言を一字一句逐語的に新しい法律案や法改正案に盛り込むよう企図するよりも、むしろ条約の意味と精神に主眼を置くべきである。法的な防御や他の法律の原則を含め、新しい犯罪の創設および実施は、各締約国に委ねられている（第11条6項）。したがって、国内法の起草者は、新しい法が国内の法的な伝統、原則および基本法と合致するものとなることを確保しなければならない。これによって、新しい規定の解釈において裁判所や裁判官の違いにより対立や不確定要素が生じる危険性を回避することができる。

44節　本条約によって義務付けられる犯罪は、締約国の国内法、または議定書により導入される法の他の規定と併せて適用してもよい。したがって、新しい犯罪が現行の国内法と合致することを確保するよう努めなければならない。

48節　国際社会は犯罪集団の活動の活発化に直面してきており、このことは、ほとんどすべての国に著しい財政的及び人的な負の影響をもたらしている。しばしば、人々は、犯罪行為の実行に直接参加することなく、組織的な犯罪集団による重大な犯罪の計画及び遂行を援助している。この問題に対処するために、多くの国は犯罪集団へのより軽度の参加を禁止する刑事法を採用している。

49節　諸国がこれまで採用してきたアプローチは、歴史的、政治的及び法的背景により異なる。一般的に、組織的な犯罪集団への参加の犯罪化は2つの異なった方法により実現されてきている。コモン・ローの諸国は共謀罪を用いており、他方、大陸法の法域は犯罪組織への関与を禁止する犯罪を用いている。他の諸国はそのようなアプローチを組み合わせている。本条約は特定の組織の構成員となることの禁止を取り扱うものではない。

50節　犯罪集団は国境を越え、しばしば多くの国に同時に影響を与えるため、法律を調整し、調和させる必要性は明らかである。既にいくつかのイニシアティブ（例えば、犯罪組織への参加を欧州連合参加国において犯罪とする一九九八年一二月二一日の欧州連合理事会による「共同行動」の採択）が、地域的レベルで、そのような方向に向かってとられている。しかしながら、これは単なる地域的問題ではなく、効果的で世界的な対応を必要とするものである。

51節　本条約は、世界的な対応の必要性を満たし、犯罪集団への参加の行為の効果的な犯罪化を確保することを目的としている。本条約第5条は、上記に同等のものとして引用されている犯罪化に対する2つの主要なアプローチを認めている。第5条1（a）（i）及び1（a）（ii）の2つの選択的なオプションは、このように、いくつかの国には共謀の法律があり、他方、他の国には犯罪の結社（犯罪者の結社）の法律があるという事実を反映して設けられたものである。これらのオプションは、関連する法的概念を有していない国において、共謀又は犯罪の結社の概念のいずれかについてはその概念の導入を求めなくとも、組織的な犯罪集団に対する効果的な措置をとることを可能とするものである。また、第5条は、他の方法により、組織的な犯罪集団によって行われた重大な犯罪をほう助し及び援助する者も対象としている。

60節　2番目のオプションは、大陸法の法的な伝統と、共謀を認めないか又は犯罪を行う単なる合意の犯罪化を認めない法を有する諸国とより調和している。このオプションは、個人の行為を犯罪化するものであり、次のように、第5条1（a）（ii）に定められている。「組織的な犯罪集団の目的及び一般的な犯罪活動又は特定の犯罪を行なう意図を認識しながら、次の活動に積極的に参加する個人の行為」「a　組織的な犯罪集団の犯罪活動」「微b　組織的な犯罪集団のその他の活動（当該個人が、自己の参加が当該犯罪集団の目的の達成に寄与することを知っているときに限る。）」

61節　これらのその他の活動は、犯罪を構成しないものであってもよいが、集団の犯罪活動や目的のために補助的な役割を果たしている。

68節（e）　犯罪の規定は、締約国の国内法に委ねられる。本条約の犯罪化要件を遂行するために国が定める国内犯罪は、必要な行為が犯罪化される限り、本条約とまったく同じ方法で規定される必要はない（第11条6項）。

資料14　治安維持法（抄）

第一章　罪

第一条　国体ヲ変革スルコトヲ目的トシテ結社ヲ組織シタル者又ハ結社ノ役員其ノ他指導者タル任務ニ従事シタル者ハ死刑又ハ無期若ハ七年以上ノ懲役ニ処シ情ヲ知リテ結社ニ加入シタル者又ハ結社ノ**目的遂行ノ為ニスル行為**ヲ為シタル者ハ三年以上ノ有期懲役ニ処ス

第二条　前条ノ結社ヲ支援スルコトヲ目的トシテ結社ヲ組織シタル者又ハ結社ノ役員其ノ他指導者タル任務ニ従事シタル者ハ死刑又ハ無期若ハ五年以上ノ懲役ニ処シ情ヲ知リテ結社ニ加入シタル者又ハ結社ノ**目的遂行ノ為ニスル行為**ヲ為シタル者ハ二年以上ノ有期懲役ニ処ス

第三条　第一条ノ結社ノ組織ヲ**準備スルコトヲ目的トシテ**結社ヲ組織シタル者又ハ結社ノ役員其ノ他指導者タル任務ニ従事シタル者ハ死刑又ハ無期若ハ五年以上ノ懲役ニ処シ情ヲ知リテ結社ニ加入シタル者又ハ結社ノ**目的遂行ノ為ニスル行為**ヲ為シタル者ハ二年以上ノ有期懲役ニ処ス

第四条　前三条ノ目的ヲ以テ集団ヲ結成シタル者又ハ集団ヲ指導シタル者ハ無期又ハ三年以上ノ懲役ニ処シ前三条ノ目的ヲ以テ集団ニ参加シタル者又ハ集団ニ関シ前三条ノ目的遂行ノ為ニスル行為ヲ為シタル者ハ一年以上ノ有期懲役ニ処ス

第五条　第一条乃至第三条ノ目的ヲ以テ其ノ目的タル事項ノ実行ニ関シ協議若ハ煽動ヲ為シ又ハ其ノ目的タル事項ヲ宣伝シ其ノ他其ノ**目的遂行ノ為ニスル行為**ヲ為シタル者ハ一年以上十年以下ノ懲役ニ処ス

第六条　第一条乃至第三条ノ目的ヲ以テ騒擾、暴行其ノ他生命、身体又ハ財産ニ害ヲ加フベキ犯罪ヲ煽動シタル者ハ二年以上ノ有期懲役ニ処ス

第七条　国体ヲ否定シ又ハ神宮若ハ皇室ノ尊厳ヲ冒涜スベキ事項ヲ流布スルコトヲ目的トシテ結社ヲ組織

シタル者又ハ結社ノ役員其ノ他指導者タル任務ニ従事シタル者ハ無期又ハ四年以上ノ懲役ニ処シ情ヲ知リテ結社ニ加入シタル者又ハ結社ノ**目的遂行ノ為ニスル行為**ヲ為シタル者ハ一年以上ノ有期懲役ニ処ス

第八条　前条ノ目的ヲ以テ集団ヲ結成シタル者又ハ集団ヲ指導シタル者ハ無期又ハ三年以上ノ懲役ニ処シ前条ノ目的ヲ以テ集団ニ参加シタル者又ハ集団ニ関シ前条ノ**目的遂行ノ為にスル行為**ヲ為シタル者ハ一年以上ノ有期懲役ニ処ス

第九条　前八条ノ罪ヲ犯サシムルコトヲ目的トシテ金品其ノ他ノ財産上ノ利益ヲ供与シ又ハ其ノ申込若ハ約束ヲ為シタル者ハ十年以下ノ懲役ニ処ス情ヲ知リテ供与ヲ受ケ又ハ其ノ要求若ハ約束ヲ為シタル者亦同ジ

第十条　私有財産制度ヲ否認スルコトヲ目的トシテ結社ヲ組織シタル者又ハ情ヲ知リテ結社ニ加入シタル者若ハ結社ノ**目的遂行ノ為ニスル行為**ヲ為シタル者ハ十年以下ノ懲役又ハ禁錮ニ処ス

第十一条　前条ノ目的ヲ以テ其ノ目的タル事項ノ実行ニ関シ協議ヲ為シ又ハ其ノ目的タル事項ノ実行ヲ煽動シタル者ハ七年以下ノ懲役又ハ禁錮に処ス

第十二条　第十条ノ目的ヲ以テ騒擾、暴行其ノ他生命、身体又ハ財産ニ害ヲ加フベキ犯罪ヲ煽動シタル者ハ十年以下ノ懲役又ハ禁錮ニ処ス

第十三条　前三条ノ罪ヲ犯サシムルコトヲ目的トシテ金品其ノ他ノ財産上ノ利益ヲ供与シ又ハ其ノ申込若ハ約束ヲ為シタル者ハ五年以下ノ懲役又ハ禁錮ニ処ス情ヲ知リテ供与ヲ受ケ又ハ其ノ要求若ハ約束ヲ為シタル者亦同ジ

第十四条　第一条乃至第四条、第七条、第八条及第十条ノ未遂罪ハ之ヲ罰ス

第十五条　本章ノ罪ヲ犯シタル者自首シタルトキハ其ノ刑ヲ減軽又ハ免除ス

第十六条　本章ノ規定ハ何人ヲ問ハズ本法施行地外ニ於テ罪ヲ犯シタル者ニ亦之ヲ適用ス

資料15　検討中の「テロ等準備罪」の骨格（案）（二〇一七年二月）

Ａ　犯罪主体

○　組織的犯罪集団（団体のうち、その結合関係の基礎としての共同の目的が「対象犯罪」を実行することにあるもの）の団体の活動として

※「団体の活動」とは、団体の意思決定に基づく行為であって、その効果又はこれによる利益が当該団体に帰属するもの（3条1項）

○　当該行為を実行するための組織によるもの

※「組織」とは、指揮命令に基づき、あらかじめ定められた任務の分担に従って構成員が一体として行動する人の結合体（2条1項）

Ｂ「対象犯罪」の遂行を２人以上で計画

「対象犯罪」：長期４年以上の懲役・禁錮に当たる罪のうち、組織的犯罪集団が関与することが現実的に想定されるもの

Ｃ　計画をした者のいずれかにより、その計画に基づき資金又は物品の手配、関係場所の下見その他の計画をした犯罪を実行するための準備行為が行われた

法定刑

○　長期10年を超える懲役・禁錮が定められているもの：5年以下の懲役・禁錮

○　長期４年以上10年以下の懲役・禁錮が定められているもの：2年以下の懲役・禁錮

「テロ等準備罪」の対象犯罪　【最終調整中】

【国際組織犯罪防止条約】（ＴＯＣ条約）

第５条１（ａ）（ｉ）：犯罪とすべき合意の対象に、「組織的な犯罪集団が関与する重大な犯罪」との要件を
（後段）　各国の法律で付加することを許容していることに着目。

⬇

【今般の法案】

犯罪主体を明確化し、これを「組織的犯罪集団」に限定。

↓「重大な犯罪」に該当するもののうち、その性質上、「組織的犯罪集団が関与する」ことが現実的に想定されるもののみを限定的に規定することが可能。

⬇

【対象犯罪】

①テロの実行	②薬物	③人身に関する搾取	④その他資金源	⑤司法妨害
組織的な殺人、現住建造物等放火、航行中の航空機を墜落させる行為、拳銃等の発射、サリン等の発散、流通食品への毒物の混入	覚醒剤、ヘロイン、コカイン、大麻の輸出入・譲渡等	人身売買、集団密航者を不法入国させる行為、強制労働、売春をさせる業、臓器売買	組織的な詐欺、組織的な恐喝、高金利の契約、通貨偽造、有価証券偽造、犯罪収益等隠匿（マネー・ローンダリング）	偽証、組織的な犯罪に係る証拠隠滅、逃走援助

○　テロ組織は、薬物取引、人身取引、その他の各種違法取引や財産犯を含む国際的な組織犯罪により、利益を得て活動（安保理決議）。

○　ＴＯＣ条約には、これを補足する人身取引議定書・密入国議定書が存在。

○　TOC条約は、資金洗浄の犯罪化（6条）、司法妨害の犯罪化（23条）も義務付けている。
※　対象犯罪の分類について、複数の類型に当たり得る罪は、最も特徴的と考えられる類型に分類した。

国際組織犯罪防止条約（抜粋）

第2条　用語

この条約の適用上、

（a）「組織的な犯罪集団」とは、三人以上の者から成る組織された集団であって、一定の期間存在し、かつ、金銭的利益その他の物質的利益を直接又は間接に得るため一又は二以上の重大な犯罪又はこの条約に従って定められる犯罪を行うことを目的として一体として行動するものをいう。

（b）「重大な犯罪」とは、長期4年以上の自由を剥奪する刑又はこれより重い刑を科することができる犯罪を構成する行為をいう。

（c）～（J）（略）

第5条　組織的な犯罪集団への参加の犯罪化

1　締約国は、故意に行われた次の行為を犯罪とするため、必要な立法その他の措置をとる。

（a）次の一方又は双方の行為（犯罪行為の未遂又は既遂に係る犯罪とは別個の犯罪とする。）

（i）金銭的利益その他の物質的利益を得ることに直接又は間接に関連する目的のため重大な犯罪を行うことを一又は二以上の者と合意することであって、国内法上求められるときは、その合意の参加者の一人による当該合意の内容を推進するための行為を伴い又は組織的な犯罪集団が関与するもの

（ii）　組織的な犯罪集団の目的及び一般的な犯罪活動又は特定の犯罪を行う意図を認識しながら、次の活動に積極的に参加する個人の行為

a　組織的な犯罪集団の犯罪活動

b　組織的な犯罪集団のその他の活動（当該個人が、自己の参加が当該犯罪集団の目的の達成に寄与することを知っているときに限る。）

資料16　「組織的な犯罪の共謀罪」と「テロ等準備罪」の異同

	組織的な犯罪の共謀罪	テロ等準備罪
①犯罪主体		組織的犯罪集団 団体のうち、その結合関係の基礎としての共同の目的が別表第3に掲げる罪を実行することにあるもの
	団体 共同の目的を有する多数人の継続的結合体であって、その目的又は意思を実現する行為の全部又は一部が組織により反復して行われるもの（2条1項）	
	団体の活動 団体の意思決定に基づく行為であって、その効果又はこれによる利益が当該団体に帰属するもの（3条1項）	
	組織 指揮命令に基づき、あらかじめ定められた任務の分担に従って構成員が一体として行動する人の結合体（2条1項）	
②対象犯罪	死刑、無期又は長期4年以上の懲役・禁錮が定められている罪	死刑、無期又は長期4年以上の懲役・禁錮が定められている罪のうち、別表第4に掲げる罪
③合意 ※TOC条約上の文言	共謀	計画
④推進行為 ※TOC条約上の文言	なし	計画に基づき、計画をした犯罪を実行するための準備行為

実行準備行為について

1　案行準備行為の法的性質

○　実行準備行為は、「計画」とともに、テロ等準備罪の構成要件の一つである。

2　実行準備行為が行われていない段階での捜査の可否

(1)　強制捜査

○　逮捕は、国民の権利制約の度合いの高い被疑者の身体を拘束する強制処分。

○　捜索差押え等は、国民の住居の不可侵等の重要な権利を制約する強制処分。

○　逮捕の要件を規定した刑事訴訟法199条1項が「罪を犯した」と、捜索差押の要件を規定した刑事訴訟規則156条1項が「罪を犯したと思料されるべき資料を提供しなければならない」とそれぞれ規定し、いずれも既に行われた犯罪を対象としている。

⬅　犯罪が成立していないことが明らかな段階で強制捜査はできない。

(2)　任意捜査

○　捜査は、犯罪の嫌疑があって行うもの。

テロ等準備罪の嫌疑がないにもかかわらず、その捜査が行われることはない。

○　個別具体的な事実関係の下で、犯罪を検挙するため必要性が認められる場合には、手段の相当性が認められる範囲において、任意捜査が許容され得る。

※例えば、スリ、ひったくりなどの犯人検挙と証拠収集を目的として、その種の犯罪が多発する時間帯、地域に捜査員を派遣するなど、犯罪の発生前から任意捜査を行うことが許容されている。

「テロ等準備罪」にだまされるな!
——「計画罪」は「共謀罪」そのものだ

2017年4月5日　　第1版第1刷発行
著　　者　足立 昌勝　©2017年
発 行 者　小番 伊佐夫
D T P　市川 貴俊
挿　　画　壱花花
印刷製本　中央精版印刷
発 行 所　株式会社 三一書房
〒101-0051 東京都千代田区神田神保町3-1-6
☎ 03-6268-9714
振替 00190-3-708251
Mail: info@31shobo.com
URL: http://31shobo.com/

ISBN978-4-380-17001-0 C0036
Printed in Japan